Catalogación en la publicación – Biblioteca Nacional de Colombia

Cordero Villamizar, Luz Helena, 1961-
    El puente está quebrado / Luz Helena Cordero Villamizar ;
ilustrado por Federico Neira. -- Bogotá : Editorial Magisterio, 2015.
        p. : il. – (Colección Oso de Anteojos)

    Incluye datos biográficos de la autora al final del texto.
    ISBN 978-958-20-1156-7

    1. Cuentos infantiles colombianos - Siglo XX I. Neira,
Federico, il. II. Título III. Serie

CDD: Co863.5 ed. 23   CO-BoBN– a956156

EL PUENTE ESTÁ QUEBRADO

LUZ HELENA CORDERO

ILUSTRADO POR: FEDERICO NEIRA

Colección Oso de Anteojos

EL PUENTE ESTÁ QUEBRADO

©   Luz Helena Cordero Villamizar

©   Cooperativa Editorial Magisterio
Diagonal 36bis no 20-70
PBX: 0571-3383605
Bogotá, D.C. Colombia
www.magisterio.com.co

ISBN: 978-958-20-1156-7

Diseño e ilustración: Federico Neira

*Al
abuelo y al tío Samuel,
a su memoria rota.*

*El puente está quebrado
con qué lo curaremos
con cáscara de huevo
burritos al potrero...*

Prólogo

Contar es otra manera de vivir pero también de olvidar, de empezar a acabar de una vez por todas con el silencio. Con ese silencio que camina por los huesos y los hace traquetear, gemir en la oscuridad.

Estas historias no podrán arrullar tus noches ni decorar tus sueños con cintas, cascabeles, guirnaldas o piedras preciosas; no tienen el encanto de las hadas madrinas, la varita mágica que transforma una calabaza en carruaje, un ratón en lacayo; no atraviesan el espejo en busca de sabios conejos, casas de chocolate, maneras de tejer y destejer los sueños de una preciosa niña; ni siquiera tratan de brujas que lloran su raída belleza, malignas impostoras del amor, ogros rechonchos que aspiran el perfume de la tierna carne de la princesa, manzanas envenenadas, reinas infelices que invocan el mal; no son sobre un soldado de plomo enamorado de una bailarina de papel que logra fundirse con ella en el fuego del amor; tampoco suceden en el revés del mundo, en extraños planetas donde nacen las rosas.

No. Pido perdón porque estos relatos no alegrarán tus noches ni tus días, ni serán un recuerdo feliz en el costado.

Había una vez niños y niñas, mujeres y hombres que hoy viajan por nuestra sangre y que vivieron en momentos oscuros del tiempo y del país. Igual que magos, hadas, gnomos, princesas, brujas o sapos encantados, deben tener un lugar en los cuentos.

Samuel quiere contarnos una historia que necesita olvidar. Escuchémosla como si viniera de los labios del abuelo cuando quiso cantarnos una canción de cuna, y antes de brotar, la música se le quebró en el pecho como una cáscara de huevo.

El puente, ese lazo violeta de la memoria, está quebrado. Contar es una manera de curarlo.

Samuel

–¡Soy Samuel… el hijo del zapatero!
Pienso decirlo con todas mis fuerzas pero solo me sale un quejido sordo. Entonces doy un golpe en la puerta para llamar la atención. La casa está en penumbras. La puerta es de madera y se encuentra comida por la humedad y las polillas. Adentro alcanzo a ver las siluetas de dos personas. Una es grande y está como afilando un cuchillo sobre una piedra. La otra se encuentra al fondo, sentada junto al fogón. El color del fuego se extiende por todo el cuarto y produce un movimiento de sombras y fantasmas en las paredes.

–Siga, niño. No se quede ahí parado, que está muy pálido y frío, como si tuviera un muerto dentro.

Avanzo con miedo porque no conozco al hombre que me habla. He venido aquí porque no hay otra casa en los alrededores y tengo miedo de pasar otra noche en el camino. Me dice que me acerque al fogón. Una mujer cocina un líquido espeso y blanco que huele a tierra. Me siento en una silla bajita que ella me ofrece. El hombre me pregunta quién soy pero no respondo. La boca me duele y aprieto duro los dientes.

El fantasma de mi sombra aparece también en la pared, en medio de los fantasmas grandes. Siento que poco a poco estoy dejando de temblar.

–Parece que es mudo, pero entiende lo que se le habla.

Muevo la cabeza de arriba abajo. La cara del hombre está cruzada por algunas arrugas. La frente es como un mapa ancho con departamentos y convenciones. Tiene los ojos oscuros y un bigote que se mueve cuando habla.

–¿Qué trae en esa bolsa?

Abrazo con fuerza la bolsa contra mi pecho.

–No tenga miedo de soltarla que aquí nadie le va a quitar nada. Déjela ahí.

Y me enseña una mesa que está a mi lado. No quiero soltar mi paquete. Aprieto fuerte y muevo la cabeza de derecha a izquierda.

–¿Trae algo muy importante que no se puede ver?

No hago ningún gesto. De pronto siento que unas gotas me escurren por la frente. Bajo la cabeza y sigo mirando la candela del fogón que hace saltar en burbujas la masa blanca de la olla.

–Déjelo en paz –dice la mujer–, estos niños son como salvajes.

Ella es gorda y bajita. Tiene el cabello claro o tal vez la luz del fuego le da ese brillo. No puedo saber si es buena, aunque está muy seria.

El hombre calla. La mujer, ayudándose con unos trapos, levanta con sus manos el recipiente del fuego y lo coloca sobre el piso de ladrillo. Con una cucharona de madera revuelve y sirve un poco de esa sustancia en una taza que me ofrece. Dudo si tomarla o no, porque al cogerla podría soltar el paquete, pero lo sostengo sobre las piernas con una mano, mientras con la otra recibo la vasija que casi me quema los dedos.

El hombre se ha recostado en una hamaca y mira hacia el techo. Entonces puedo beberme a sorbos la cosa blanca, que de pronto sabe dulce y me hace sudar mucho más.

La mujer se retira del fogón. Se encamina a uno de los cuartos de la casa y regresa con una cobija que me extiende.

–Puede dormir allí.

Me indica la cama que está en un rincón de la sala. Muevo la cabeza de arriba abajo.

El hombre me mira y siento sus ojos posados en mi cuello. De pronto la mujer toma mi quijada y me hace levantar la cabeza.

–Mañana podrá bañarse y cambiarse de ropa. Me imagino que eso es lo que trae en el paquete.

No muevo la cabeza para ningún lado. Solamente la miro y veo en sus ojos que tal vez es buena. De pronto, el hombre se levanta rápidamente como si fuera un resorte y se acerca para examinar mi cara.

–¡Pero si es Samuel, el hijo del zapatero! –hace un gesto de sorpresa y de horror al mismo tiempo. Aprieto fuerte la bolsa.

–No tenga miedo que aquí estará a salvo.

Entonces puedo llorar. Me abrazo al paquete y no puedo evitar un estremecimiento que me recorre de pies a cabeza. Descubro que el sonido del pecho se me ahoga en la garganta. No entiendo qué me está pasando. Me seco las lágrimas contra las mangas de la camisa y sigo llorando en silencio, durante un tiempo largo en el que el hombre y la mujer son como dos sombras paradas frente a mí, que me miran con lástima.

Cuando las lágrimas se me secan, el hombre viene a mí con cierta duda. Hace un gesto para pedirme el paquete. Yo me resisto todavía. Él insiste con dulzura. Entonces ya no puedo más y dejo que coja el paquete. No logra sostenerlo con una mano y un ruido sordo y pesado se escucha en el salón. Otra vez empiezo a llorar.

El hombre se inclina y abre la bolsa, pero de pronto hace un movimiento rápido de rechazo y miedo.

Casi rígida sobre el piso, con los ojos como dos pepas de cristal encendido, se encuentra Lucero, mi gata dulce y buena, la del pelo color de tigre. A su lado han caído las gafas rotas de papá.

–Muchacho, puede quedarse a vivir con nosotros si quiere. Pero el gato va a tener que pasar a mejor vida.

Miro las patas y la cola de Lucero, antes juguetonas y ligeras, ahora de movimientos lentos y silenciosos. De pronto abre los ojos, me mira y maúlla con tristeza. Lloro con más fuerza.

El hombre la levanta y la lleva hacia afuera de la casa. Me voy tras él y con un gesto de súplica le pido que me la devuelva. Él parece entenderme y por eso me tranquiliza.

–No se preocupe. Se va a salvar. Yo sé curar animales.

Sus palabras me dan un gran consuelo. Quiero decirle que Lucero lleva dos días sin comer, que la he envuelto en la bolsa casi sin permitirle respirar; explicarle que nos hemos ocultado de todas las personas y hoy ya no pudimos más, que tenemos hambre y miedo. Pero la voz no me sale. Solo un quejido ronco me brota del pecho cuando intento pronunciar cualquier palabra.

La mujer nos alcanza, dice que debo abrigarme, me toma del hombro y me conduce nuevamente hasta el interior de la casa. Me muestra la cama. No le hago resistencia. Me enrollo mientras ella me cubre con la manta.

Antes de dormirme escucho la voz del hombre que le pide a la mujer un poco de leche para darle a mi gata. Siento un calor que me baja hacia los pies. Lentamente me voy hundiendo en la cama hasta no sentir el cuerpo. Si no fuera por Lucero, me gustaría que no amaneciera nunca.

LAS ESTRELLAS

Hay una manera de atrapar las estrellas para hablar con ellas en las noches. Dicen que son viajeras, que brillan desde hace muchos años, que están muertas, que no existen. Yo puedo tenerlas en mis manos y hablarles, mientras brillan de una manera feroz sobre mis dedos. El secreto está en la paciencia y las ganas que tengo de verlas. Dicen que los astrónomos tienen sus telescopios gigantes, con los cuales pueden hacer que los puntos luminosos sean tan cercanos como un bombillo de la avenida. Yo no puedo tener un telescopio, pero tengo un lago hecho para pescar estrellas.

Cuando el agua se pone quieta –ha de ser agua dulce, pero dulce con azúcar– me siento en la orilla y canto mentalmente una canción cualquiera. Mejor si se trata de una canción triste, donde haya lágrimas y todo. Cierro los ojos, arrullo el agua y espero. Allí, en el fondo de la pila, en el centro, comienzan a titilar las estrellas. Vienen en fila y luego se desordenan como niñas tontas. Después de que dejan de temblar, meto la mano en el agua y las voy pescando poco a poco. Son mansas y no oponen resistencia. Las toco suavemente, con cuidado para que sus puntas no vayan a lastimarme la piel. Las siento heladas y lentamente, al contacto con mis manos, se ponen tibias y consentidas.

–Estrella, ¿cómo es eso de brillar y brillar y nada más?

–Es como vivir y vivir y nada más.

–¡Ah!, eso no tiene mucha gracia.

–No y sí. Depende del fin que persigas. Si brillas por brillar, pronto se te agota la luz. Si brillas por traspasar el infinito, tendrás luz para mucho tiempo.

–Eso no suena fácil. Además, las personas no tenemos brillo y podemos perdernos fácilmente en el infinito.

– Brilles o no brilles te perderás de todos modos en el infinito.

Y así paso muchas noches, jugando a que hablo con las estrellas. Los temas son variados. Depende del ánimo que tenga. Los temas del infinito se me ocurren cuando me siento solo. Otras veces hablamos de fútbol y eso me gusta más. Me divierto mucho cuando una estrella me comenta sobre el juego y me canta goooool… mientras la emoción le enciende el brillo.

A veces no quiero ni ver a las estrellas. Basta agitar el agua para que todas se escapen.

–¡Fuera! –les grito con rabia–, quiero pescar peces de verdad.

Pobres estrellas, con las ganas que tienen de venirse a vivir a la Tierra y yo con tantas ganas que tengo de mudarme al cielo.

PAPÁ

Papá era alto como un pino. Tenía piel morena, ojos de un negro renegrido, en la cabeza le alumbraban algunas canas que insistía en que mamá le arrancara. Le ponía la cabeza entre las piernas y se quedaba quieto para dejar que ella le escarbara buscando el blanco para arrancarlo de un tirón. Él no hacía gestos. Yo los miraba y a veces le ayudaba a mamá en el trabajo de la búsqueda.

–¡Mire! ¡Aquí hay una! ¿Se la arranco?

–Bueno, pero con cuidado.

Halaba muy suave, como si fuera en mi propia cabeza y nunca lograba quitarle una cana. Tenía miedo de que le doliera. Soñaba que a papá se le caía todo el pelo, que estaba calvo, que yo tenía una mata de pelo blanco entre los dedos y él me acusaba de su desgracia. El sueño se repetía una y otra vez.

Papá era el único zapatero de la región. Componía las zapatillas de las señoras que lo buscaban con afán para entregarle tacones rotos, suelas casi transparentes, pedazos de cuero que rescataban de los baúles, con los cuales querían armar sus más preciosos zapatos.

Papá tenía la paciencia del santo Job. Para él nada era imposible: sacaba de la nada tacones, desaparecía agujeros, cosía moños y, al final, las señoras daban un grito de felicidad.

Él siempre usó los mismos zapatos. Porque cuando se estaban quedando viejos volvía a componerlos, haciéndolos eternos.

Yo pasaba tardes enteras viéndolo martillar, coser, pegar. Sus manos se movían rápidamente, a pesar de que no tenía ninguna prisa. Ser zapatero parecía el oficio más lindo del mundo. Pero siempre pensé que cuando fuera grande no sería zapatero. Tal vez porque me parecía un trabajo bastante solitario, porque no soportaba el olor del pegamento, o posiblemente porque presentía el final.

Mientras martillaba me hacía historias interminables de señores de cuello blanco y de señoras de porcelana que habían desfilado por su taller. Conocía en detalle sucesos de la vida del pueblo, mentiras dichas por años, secretos políticos, amores y venganzas.

Una vez vino a su taller un tipo de figura monumental, que daba la idea de ser o haber sido militar. Traía unas botas negras cubiertas de polvo, descosidas de tanto camino. Quería componerlas. Le habían contado que papá era el único zapatero del pueblo. Habló lo necesario. Necesitaba que le cosiera las botas máximo en diez minutos.

–¿Diez minutos? Pero unas botas descosidas en tantos días no pueden coserse en diez minutos. Es más fácil que se compre otras.

–Es cuestión de vida o muerte.

–Mire, si la vida o la muerte dependieran de unos zapatos, yo, que todo lo compongo, me haría inmortal –contestó papá con aire de burla.

–Allá usted si no me cree, pero necesito tenerlas en diez minutos y ya van siendo dos.

Papá hubiera querido mandarlo a freír espárragos, tuvo deseos de lanzarle las botas por la ventana, pero algo que venía de los ojos del hombre lo hizo contenerse y empezar su labor. Tomó una enorme aguja con la que podrían coserse las llantas de un tractor y se dio a su tarea. El hombre descalzo parecía un niño indefenso. Estaba sentado en una butaca y movía las piernas haciendo el sonido de una hamaca. Papá se estaba poniendo nervioso. Quiso ponerle conversación.

–¿Viene de un largo viaje?

–Es posible que venga, o que vaya para un largo viaje.

Papá no era un hombre de enredos. Le gustaban las cosas claras. Por eso le molestó la respuesta del hombre. Decidió quedarse callado para no entrar en polémica. Coser exigía concentración.

Habrían transcurrido siete minutos cuando la primera bota estaba cosida. Ahora había que echarle un poco de pegamento.

–No la pegue. No voy a tener tiempo de esperar a que se seque.

–Como usted quiera.

Tomó la segunda bota entre las manos. Perforó el cuero con la aguja, dio las primeras puntadas.

–Déjela así. Ya pasaron los diez minutos.

Papá cortó el hilo y le alcanzó la bota. El hombre se la calzó de prisa. Dejó unas monedas sobre el mostrador y salió. No habían pasado dos segundos cuando regresó nuevamente.

–Gracias, hizo un buen trabajo.

Papá no salía de su asombro. Tuvo la impresión de que había hecho una tarea para el demonio. El resto de la tarde estuvo pensando de dónde habría surgido ese hombre y hacia dónde iría. Casi todos sus clientes eran personas conocidas.

Cuando estaba a punto de cerrar el taller, recibió la visita del teniente Martínez, acompañado por el notario del pueblo.

–Pedro, ¿así que quiere meterse en problemas?

No entendió lo que escuchaba.

–Teniente, no me venga con amenazas, que está parado en mi taller y no tiene ningún derecho de hablarme en ese tono.

Se enfrentó a los ojos del teniente. El notario intervino:

–Hay un hombre muerto a dos cuadras de aquí y tiene unas botas donde aparecen las huellas de sus dedos. Era un chulo liberal.

No tengo nada que ver con el asunto. Hice mi trabajo y por eso nadie puede ser condenado.

–Usted estaba en el deber de denunciarlo –añadió el teniente.

–No tenía por qué saber que era liberal y aunque lo hubiera sabido, no tenía por qué denunciarlo. Solo me meto en asuntos de zapatos, zapatillas, botas, botines y todo lo que se arrastre en los pies. Por favor, salgan de aquí, que estaba a punto de cerrar.

Los hombres se fueron con cara de disgusto. Papá cerró el taller y se fue caminando hacia la casa.

Días después alguien le contó que el hombre muerto a dos cuadras de su taller era Antonio, que se había ido del pueblo hacía varios años, cuando era un adolescente, para unirse a las guerrillas liberales que luchaban contra los conservadores. Su madre, una anciana solitaria, se encontraba postrada por una terrible enfermedad.

Aquel día Antonio llegó al poblado para visitarla. Le habían informado que hacia las tres de la tarde, hora en que la policía se acuartelaba en la estación, las calles se encontraban solitarias y podría atravesar la plaza para dirigirse a la casa de la madre. Eran las tres menos quince y decidió dirigirse al taller del zapatero para no exponerse a la mirada de las gentes. Allí esperó el tiempo necesario. El zapatero no lo reconoció porque la vida del monte le había endurecido las facciones y la voz.

Cuando entró en la casa lo recibieron diez puñaladas. Lo que él nunca supo fue que su madre había muerto hacía varias semanas y desde entonces dos hombres lo esperaban pacientemente.

–¡Si por lo menos me hubiera contado quién era y a qué venía, yo le habría evitado la terrible sorpresa! –decía papá con un tono de amargura en la voz.

LUCERO

Lucero se ha recuperado de una manera increíble y su pelo de tigre está creciendo. Todavía no tiene mucha confianza con los habitantes de la casa. Me rodea permanentemente con sus maullidos, restregándome su cola, como si me preguntara ¿cuándo volvemos a casa? No sé qué hacer con su impaciencia felina. La alzo, la sobo, pero nada que se tranquiliza.

Hoy dimos un paseo por los alrededores. No reconozco este lugar. Los dos días de caminata nos trajeron a un sitio desconocido. Temo que

Lucero pueda perderse si se aleja de mí. No sabría qué hacer sin ella.

La gata nació de Natacha y Satanás, la pareja de gatos consentidos de mamá. Nata, así la llamaba yo, tuvo cinco gaticos pero mamá regaló cuatro a la semana de nacidos. Yo escondí entre mi cama al último que quedaba y lo bauticé Lucero porque me gustan las estrellas.

"Lucerito de plata, no le digas a nadie que me has visto llorar…"

Le cantaba esta canción mientras ella dormitaba sobre mis piernas. Jugaba a que la noche en que ella nació, dos luceros juguetones bajaron para meterse en sus ojos azules y así poder estar cerca de mí. De otra manera no podía explicar el extraordinario brillo de su mirada.

No fue fácil proteger a Lucero de la impaciencia de mamá, quien no quería que la casa se llenara de gatos. Mis lágrimas la hicieron ceder pero no evitaban sus ataques inesperados de mal genio. No sé si era la gata la que no quería separarse de mí, o yo quien no podía prescindir de su ronroneo, del jugueteo de su cola gris, que era como la varita mágica de un hada traviesa.

–Le va a pegar una enfermedad. A los animales no hay que besarlos como a la gente. Samuel, por Dios, le voy a matar la gata.

Las amenazas no valían de nada. Por el contrario, con mayor gusto la cargaba por todos lados para defenderla de todo mal. Cuando se hizo grande, empezó a llegar en las noches con la trompa llena de plumas ensangrentadas. Muchas veces pensé que se había comido a Pascual y me alegraba. Pero parecía respetar al gallo más viejo de la casa.

Un día los trabé en una pelea y por poco Pascual le saca los ojos. Desde ese día Lucero le huía. Parecía increíble que un felino pudiera resultar vencido por un ave. Yo no podía aceptar eso.

–Es que los años se respetan –decía papá–. Hasta los animales saben respetar.

–Seguramente si fuera gato no respetaría años, ni picos, ni nada. Pero claro, siendo gata se vuelve cobarde como las mujeres.

De esa manera lograba que mamá entrara en la discusión y ya éramos dos contra una. Que si las mujeres son más valientes que los hombres, que ellos no soportan ningún dolor, que siempre están echados mientras la mujer continúa trabajando, que por aquí y que por allá…

No sé de qué sirve ser valiente o cobarde. Alguien me dijo que somos como los valientes pajaritos que desafían la gravedad de la tierra y un día son derribados, por cualquier balazo, de la nube en que viven. También me dijo que a veces los cobardes sobreviven.

HUMBERTO Y ALICIA

El hombre y la mujer hablan poco entre ellos aunque todo el tiempo estén diciendo cosas. Humberto pasa las noches sentado en la hamaca, mirando para arriba como si tratara de descubrir cosas en el cielo. Alicia siempre barre, lava, cocina, da de comer y beber a los animales. Ya he empezado a acostumbrarme a mi nueva manera de hablar y para ellos parece ser bastante normal. Les hago señas para decirles las cosas o para hacerles preguntas. Casi siempre entienden lo que les quiero comunicar.

No tienen hijos. Hoy se lo pregunté a ella señalándole mi estómago y haciendo como que estaba crecido.

—Dios no quiso que tuviéramos hijos.

Parece que Dios tiene que querer todo lo que nos pasa o nos deja de pasar. Señalé al cielo y pregunté por qué.

—Ni una hoja de un árbol se mueve sin su santa voluntad.

Qué extraña cosa ha de ser Dios. Antes de que algo malo pase, sabe que va a pasar, pero no hace nada para evitarlo. Entonces, no sacamos nada con pedirle o rogarle que nos libre de todo mal.

–Bueno, a veces los hombres hacen cosas con las que Dios no está de acuerdo.

–¿Cómo así? –abro las manos en gesto de no haber entendido nada.

–No le meta ideas en la cabeza al niño –interrumpe Humberto–. Dios está solo y no es capaz con tanta cosa.

Alicia se calla y entonces ya no sigo preguntando. Son iguales a papá y mamá. Pelean cada vez que alguno dice algo que al otro no le parece. Y los dos dicen tener la razón. Sin quererlo, me he convertido en un hijo suyo.

Humberto siembra la tierra, cosecha yuca y zanahorias. Me invita a que lo acompañe para que aprenda a trabajar, dice. Lo imito para verlo sonreír, para escuchar lo que me cuenta de la tierra.

–Es mentira que Dios está en el cielo. Vive bajo la tierra –cuando me lo dice baja la voz, como si se tratara de un secreto–. ¿O de qué otra manera se explica que nazcan y nazcan todas las cosas que comemos a diario y que no se agotan nunca? Dios está debajo, nutre la tierra, prepara banquetes para hacernos crecer. Pero, total, nadie lo quiere entender.

La tierra se acaricia con los pies, uno siente cómo le hace cosquillitas entre los dedos, las piedras dan pequeños arañazos, las lombrices saltan y a veces, sin culpa, las destripo con mis pasos. A la tierra hay que hacerle masajes, o si no se pone dura y no deja pasar el agua ni respirar las semillas que están como locas por ser arbolitos.

Cuando nace una planta que yo he sembrado, me pongo a saltar de alegría porque me parece que soy un mago que hace aparecer la vida en cualquier parte de la tierra, la riego con cuidado, mentalmente le canto una canción y empiezo a verla crecer y crecer. Me gusta ponerles nombres a las semillas. Así, cuando germinan, las trato como a personas.

A la primera la nombré Flor, igual que mamá. A la segunda la puse Pedro, como papá. Después nació Pascual y así… De esa manera tengo una huerta familiar. Quiero irme lejos de aquí. Hoy se lo escribí a Humberto.

–Todavía no está listo para eso –me dijo–, no puede defenderse en la vida. No tiene con qué.

No entiendo de qué hay que defenderse, si de todas maneras las cosas malas han de llegar.

–¿A dónde iría?

–No sé, donde no haya tanta tristeza –le puse la palabra tristeza en el papel.

–La tristeza está en todos lados porque viaja con nosotros. Es como una vieja que no se cansa de seguirnos con su costal.

–Entonces será como la sombra –le escribí la palabra sombra.

–Exactamente. Es inseparable, como nuestra sombra.

Humberto se expresa bonito. Tiene una cara fea pero cuando habla se le salen las palabras por los ojos. Me ha contado que su padre era minero, hasta un día en que se lo tragó la montaña. Su mamá se murió de pena moral.

–¿Qué es la pena moral? –abro las manos en ademán de no haber entendido.

–Una enfermedad que comienza en la garganta en forma de nudo que aprieta y aprieta hasta dejarlo a uno sin respiración. Al tiempo sube por los pies un frío que no se quita ni con mil fogatas, ataca los huesos, la gente no quiere pararse de donde está sentada. Después se acaba el apetito, hasta que el nudo se cierra y lo ahorca para siempre. Las personas que mueren de eso no hacen ningún gesto ni se quejan a la hora de morir. La muerte es una salvación. Pero dicen que esas almas no descansan ni en el cielo porque si no fueron capaces de soportar la pena, menos podrán soportar la eternidad. Esos espíritus no tienen paz.

Tengo miedo de preguntarle a Humberto cómo se transmite o se inicia esa enfermedad. Tal vez el nudo que siento en la garganta sea el mismo que puede acabar con mi respiración. Quiero saber si hay remedios, medicamentos para eso. Sé que me moriré de pena moral.

ABUELO

El abuelo era un hombre de armas tomar. Había sido soldado voluntario en la guerra de los mil días. Según decían, tenía un alma de plomo porque no se conmovía con nada. Era conservador desde el pelo hasta el intestino. Lo conocí a través de los cuentos que me hacía mamá. Vestía siempre de azul para que nadie tuviera dudas de su filiación política. Tuvo catorce hijos con tres mujeres distintas y mamá era la número catorce.

Cuando ella empezó a caminar, él ya era un hombre que pasaba los cincuenta años. La cargaba sobre los hombros y la llevaba a ver las palomas que se agolpaban entre los árboles que tenía sembrados en su finca. Corría con ella en las alturas para que se sintiera otra paloma. Todas sus hijas tenían nombres de flores: Azucena, Margarita, Rosa, Jazmín, Azalea, Amapola y Violeta. Cuando nació mamá decidió ponerla simplemente Flor, porque, según él, era el resumen de todo.

A los seis varones les puso nombres de próceres de la independencia: Francisco José, Antonio, Custodio, Simón, Francisco de Paula y José María. Los primeros cuatro, junto con Azucena, nacieron de su primera unión. Sin embargo, tuvo muy poca relación con ellos, pues su mujer, cansada de tener un marido tan guerrero, un día decidió abandonarlo llevándose con ella a sus cinco hijos sin dejar rastro. Años después se enteró de que la madre los había regalado uno a uno al verse sin posibilidades de sacarlos adelante. El abuelo nunca pudo rescatarlos.

De su segunda unión nacieron seis hembras que formaban un jardín multicolor. Entre ellas se llevaban un año de diferencia y, en una escalera de risas, lo rodeaban de cariños y peticiones.

El abuelo era de un genio fuerte pero no podía resistirse ante el acoso de tantas mujeres. Vivió con ellas a intervalos hasta que fueron adolescentes, cuando empezaron a casarse y a abandonar el hogar. La madre, cinco años mayor que el abuelo, murió de un mal en el pecho.

Como el hombre era ligero de piernas y corazón, pronto se casó con una mujer veinte años menor que él. Así fue como nacieron dos varones y Flor, mi madre. Esta unión no duró mucho, pues siete años después, la joven abuela murió de una enfermedad repentina.

José dejó los cultivos de tabaco a cargo de un mayordomo y se fue con sus tres hijos menores a vivir a la casa que tenía en el pueblo. Los años lo habían hecho más pacífico pero no menos dispuesto a defender sus ideas. En las guerras había aprendido el oficio de carpintero. Hacía ataúdes para los soldados que caían en combate. Según él, resultaba menos doloroso entregar un muerto dentro de su habitación particular que llevarlo envuelto en una bolsa de plástico.

Echando mano a su oficio, se dedicó en el pueblo a fabricar ataúdes y muebles por encargo. La diligencia con la que trabajaba le hizo ganar fama en los alrededores: más se demora un muerto en llegar al otro lado, que José en tener listo el ataúd a su medida.

Sus relaciones con la política se limitaban a reuniones con los conservadores de la región en épocas de elecciones, a vestir de azul y asistir a misa todos los domingos. Tenía la casa llena de retratos de héroes de la independencia y de expresidentes conservadores. Su pasatiempo favorito era contarles a sus hijos la historia de cada uno de los que aparecían en los cuadros y no toleraba irrespetos hacia esos retratos que le daban sentido a su vida.

Por los años en que mamá dejaba de ser niña, dicen que se desencadenó en varias regiones del país una lucha por la posesión de tierras, liderada por el gobierno liberal. Los conservadores eran el blanco perfecto de aquella persecución. Un día, un grupo de liberales armados llegó a la casa del abuelo; le pidieron fabricar un ataúd a su medida, le ordenaron que cargara el cajón y se fuera con ellos hasta donde se encontraba el muerto.

Él no se resistió. Encargó a unos vecinos el cuidado de sus hijos y salió caminando al lado de los que él creía sus enemigos. Solo, desarmado y con sesenta y siete años no tenía nada que oponer al destino. A la semana encontraron el cajón con su cadáver. Le habían arrancado la lengua porque sus últimas palabras fueron: ¡Viva el partido conservador, carajo!

Un mes después dos hombres llegaron a la casa. Mamá estaba sola. Inmediatamente reconoció que los hombres formaban parte del grupo que se había llevado al abuelo. Ella empezó a gritar, pero uno le puso una mano en la boca, mientras el otro le sobaba la cabeza.

–No grite, que no vinimos a hacerle daño. Usted no tiene la culpa de nada y nosotros somos sus hermanos mayores.

Cuando llegaba a esta parte de la historia, mamá no podía contener las lágrimas.

El cariño

He comenzado a encariñarme con Humberto porque me trata bien y se comporta como si quisiera ser mi padre o mi maestro. Cuando está haciendo algo siempre me explica, quiere que yo aprenda las cosas que hacen los hombres, me da lecciones sobre la naturaleza y la vida, me pasa la mano sobre el hombro y siento un peso en mi espalda que debe ser el peso bonito del cariño.

Alicia tiene algo en la boca que la hace estar siempre sonriendo aunque no quiera. La comida que prepara tiene un sabor especial. Parece hecha con todas las yerbas del campo. Cuando uno se la come, siente como si todo el bosque se le entrara por la nariz y la boca: los cabellos del maíz, las hojas de los plátanos, las raíces de la yuca, los ojos perfumados de la piña, el olor de la vaca con mugido y todo. Un día me pareció sentir el picoteo de los pájaros sobre las frutas que ella me pone en el plato. Si no fuera por esto, la comida se me ataría en la garganta.

Humberto y Alicia se han acostumbrado a mis juegos con las estrellas. Cuando hay noches llenas de luces en el firmamento me dejan quedar hasta tarde pescando en la pila. Alicia me regaló una estampa de la virgen y me enseñó a verla en el cielo. Hay que mirarla fijo mientras se cuenta hasta cien e inmediatamente hay que mirar para arriba. Entonces la virgen aparece enorme entre las nubes, lo mira a uno sonriente y hasta parece que lo invita a subir. Después desaparece con el movimiento del cielo y hay que repetir la operación.

Ayer lo hice veinte veces y terminé con el cuello dolorido de tanto mirar para arriba. Por eso probé en el agua donde nadan las estrellas y ahí apareció también la virgen, aunque un poco más desteñida.

Este juego me divierte. Hoy probé con las caras de papá y mamá. Como no tengo ningún retrato suyo cerré los ojos, me concentré, los recordé con tanta fuerza que los vi claritos en el pensamiento. Cuando los tenía bien grabados en algún lugar de la frente, abrí los ojos y entonces los vi aparecer en el cielo, con el pelo del color de las nubes, alborotado por el viento, me miraban y se reían de verme tan chiquito, igual que una hormiga sobre la tierra.

–¡Hola! ¿Es que no piensan venir por mí? –les sacudí mis manos como si se tratara de dos pañuelos blancos en un desfile de carrozas.

Ellos no hicieron ningún caso a mi pregunta, se quedaron entre las nubes por un tiempo más y luego se fueron desparramando y destiñendo, como cuando le cae agua a un dibujo de acuarelas.

No sé qué hacer para volver a echarles color. Cierro los ojos y hago fuerza para encontrar sus ojos. De pronto aparecen fresquitos, como recién acabados de levantar, y en el momento en que quiero abrazarlos se me desaparecen como los dibujos animados. Por eso estoy a punto de morirme de pena moral. Lucero, ayúdame para que tu cariño me sirva de remedio.

LOS ESPANTOS

En las noches, antes de irnos a dormir, papá y mamá se sentaban a hablar con algunos vecinos en el recibidor de la casa. Los amigos venían porque en aquel lugar las noches eran muy brillantes, los árboles danzaban y el ambiente era fresco y acogedor. Pero también venían porque papá tenía fama de conversador y de buen escucha. Prestaba oídos a todas las historias que las personas querían contar, dejando un lugar abierto para el desahogo o el misterio.

Yo también escuchaba con mucha atención lo que decían. Para mí, casi todas las historias eran de espantos y terror. Me abrazaba a los pies de mamá y escondía la cara entre sus piernas. Allí había calor y el miedo se hacía más chiquito. Una cosa me llamaba la atención: los fantasmas tenían nombre propio y todos los que escuchaban parecían conocerlos, o por lo menos haberlos visto alguna vez.

Era como si los espantos fueran parte de la familia, como si cada quien hubiese hospedado a alguno en su casa, debiendo convivir con ellos, guardándoles respeto y consideración. Nadie hacía bromas que pudieran ofender la memoria de quienes, habiendo sido humanos, pasaron al entremundo de las sombras.

–Papá, ¿por qué hay tantos espantos? –le pregunté una noche en la que ya no podía soportar el canto de los grillos.

–Hay tantos espantos como personas en el mundo.

–¿Y todo lo que cuentan fue realmente cierto?

Se quedó mirándome muy fijo.

–La imaginación es tan cierta como la realidad. Las dos se confunden en la mente del hombre, aunque a veces la realidad supera la imaginación. Hay cosas reales que espantan más que los espantos…

La respuesta me confundió mucho más. En ese momento no entendí nada. Me puso la mano en la cabeza, como queriendo borrarme los pensamientos y me preguntó si tenía miedo. Le dije que no, pero la mentira se me salía por los ojos.

De todos modos aquella noche papá me dejó escuchar los cuentos como de costumbre. Él consideraba que no había unas conversaciones para grandes y otras para chicos. Decía que las palabras son las mismas a cualquier edad, lo que cambia es el sentimiento con el que se dicen o con el que se escuchan. No hay palabra más clara que la misma realidad y esta no discrimina entre niños o grandes. Los niños pueden oírlo todo, pero solo escuchan lo que les cabe en el corazón.

Así pensaba mi padre. La imaginación se confunde con la realidad, o tal vez la realidad se confunde con la imaginación. Yo no sé nada. Hay cosas que, aunque no han ocurrido nunca, las tenemos fijas en la cabeza, y entonces tal vez suceden en alguna parte del mundo que llevamos dentro.

Hay otras que ocurrieron y nos hacen tanto daño que quisiéramos borrarlas y entonces las convertimos en imaginación. Los niños pueden oírlo todo. Pero solo escuchan lo que les cabe en el corazón.

La Luz del Limonar

El hijo llevaba dos días llorando, como si tuviera en el pecho un eco de lamentos interminables, o como si un dolor muy grande le atravesara el estómago o la alegría. Tenía cuatro años pero parecía tener dos por su estatura, su extraña delgadez y esa manera desesperada de llorar.

La madre le colocaba paños en el estómago, le contaba un cuento, lo mecía como un bebé, le daba agua de yerbas, pero nada. El niño parecía no verla, no sentirla, no tomar en cuenta sus palabras. Su malestar no tenía nombre ni apellido. Las pocas palabras que había aprendido a pronunciar naufragaban en su mar de llanto.

En la segunda noche de lágrimas, la madre decidió ir a ver a la partera que vivía a varios kilómetros de la casa. Era la misma que había recibido al niño aquella noche lluviosa del 20 de junio, cuando el marido fue en su búsqueda para avisarle que su mujer estaba retorciéndose de dolor en el baño sobre un charco de sangre.

La partera, una mujer gorda y vieja cuyas manos habían dado la bienvenida al mundo a tres generaciones del pueblo, desnudó al niño, le registró todo el cuerpo, y antes de darse por vencida le miró el fondo del ojo, en el momento en que las lágrimas eran menos abundantes. Se lo entregó inmediatamente a la mujer.

–Es mejor que se muera. Ahí veo que nunca será feliz.

Las palabras le cayeron a la madre como arena entre los ojos. Era el único hijo, y aunque hubiera sido uno de docena, no hubiera soportado la idea de su muerte.

–Pero usted fue la primera que lo tocó cuando nació. Usted puede saber qué hacer para que se calme. ¡Esas palabras no se le dicen a una madre!

Lo dijo a punto de llorar.

–Usted tiene razón. Pero no le puedo decir qué hacer. Este niño no quiere vivir.

La mujer se quedó mirándola con tanta tristeza que la vieja solo pudo agregar:

–Llora todo lo que usted no puede llorar.

Se devolvió con el hijo alzado porque este ya se negaba a caminar. Durante el trayecto decidió taparle la boca con la misma manta que lo cubría, temiendo que los vecinos salieran al camino para insultarla por el ruido que iba regando en la noche.

Cuando se aproximaba a la vieja casona en la que vivía sola con el pequeño desde el día en que el marido la abandonó, una sombra apareció en medio de la calle y la esperó en el lugar en que debía cruzar la carretera. Al principio tuvo la esperanza de que se tratara de una vecina que quería socorrerla, pero después se dio cuenta que la sombra se iba agrandando a medida que ella se acercaba.

Cuando estaba a pocos metros de lo que debía ser una persona, las piernas no le obedecieron. Ese fue el único momento en el que el niño se calló, aunque ella no pudo darse cuenta, petrificada como estaba.

La sombra se fue transformando en una mujer cuya piel se recogía en interminables vueltas y arrugas grises, el cabello blanco bajaba al piso y le arrastraba como un manto de novia; las uñas, como ganchos de colgar ropa, le nacían de unas manos huesudas, su vestimenta era un muestrario de ropas y olores.

Por un instante la madre escuchó el llanto del niño saliendo por la boca de la vieja. Los lamentos, terribles como puñales, se escucharon en varios kilómetros a la redonda. La mujer cayó al piso mientras de sus brazos resbalaba el niño envuelto en un golpe seco.

Minutos después la madre despertó sola en la calle. El niño había desaparecido como por arte de magia. Su angustia se reinició. Pedía socorro en todas direcciones pero nadie vino en su ayuda. Avanzó hacia la casa, abrió la puerta y encontró al niño durmiendo en su cama.

–¿Qué había pasado? ¿Quién era la vieja? –preguntaron todos con impaciencia.

Era tan fuerte y tan insistente el llanto del niño, que la llorona en persona fue traída a la fuerza del más allá. Aquella noche el niño durmió tranquilamente hasta la madrugada, pero antes de que amaneciera, reinició su terrible lloriqueo.

La madre despertó angustiada y probó nuevamente todos los remedios: agua de valeriana para los nervios, de manzanilla para el dolor de estómago, de sen para las lombrices, pañitos húmedos por si la fiebre, papas partidas por la mitad por si el dolor de cabeza, pero nuevamente todo fue un fracaso.

La tercera noche, desesperada, la madre sacudió fuertemente al chiquillo y sin pronunciar palabra le deseó la muerte. En ese instante vio que su cabeza, como un fruto, se desgajaba sobre el pecho. El silencio retornó a la casa. Los gritos de la mujer volvieron a romperlo. Alzó al hijo y lo llevó hacia el solar de la casona, en cuyo centro se alzaba un magnífico limonar. Elevó el niño al cielo implorando que le devolviera la vida, pero a medida que avanzaban sus rezos, el frío se apoderaba del pequeño cuerpo.

Hacia la media noche, cansada de suplicar lo imposible, ató el niño a su espalda y decidió trepar a un limonero para acabar con la pesadilla que le había quitado el sueño por tres noches consecutivas.

Al otro día extraños frutos amanecieron colgados en el árbol. La gente del pueblo casi no lo creyó, aunque todos fueron testigos de que las tres últimas noches no habían logrado conciliar el sueño porque un llanto terrible viajaba en el aire. Todos culparon del suceso a la llorona.

Algunas semanas después, los nuevos habitantes de la casa contemplaron la escena que quedaría grabada para siempre en la memoria de todos. A la media noche, una mujer envuelta en una luz color azufre y con un niño cargado en su espalda, daba vueltas alrededor del limonero.

La visión duraba algunos minutos y desaparecía, repitiéndose todas las noches a la misma hora por muchos años, con la variedad de que quienes la seguían a través del tiempo contaban que la mujer se hacía cada vez más vieja y el hijo crecía y crecía hasta hacerla encorvar, arrastrándole como una carga pesada a la espalda.

–Desde entonces la llaman la Luz del Limonar y todavía aparece, sobre todo en las noches de luna menguante.

–¿Y qué se hizo la casa?

–La casa ya no existe pero el limonar sigue dando frutos. Cerca del lugar donde se encuentra ya nadie quiere vivir.

El hombre que contó la historia se quedó en silencio. Todos lo imitaron y quedaron pensativos. Quería preguntar muchas cosas pero me quedé más mudo que nunca. Me preguntaba si la mujer había matado al hijo en su desesperación o si fue la llorona la que les dio muerte a los dos.

–Hay silencios que matan –dijo papá, mirando hacia un lugar que no pude divisar en sus ojos. Todavía no entiendo por qué dijo eso.

LOS SUEÑOS

Lucero ha dejado de salir a sus cacerías nocturnas. En las noches duerme a los pies de mi cama o da vueltas por la habitación como si estuviera pensando qué hacer. Me da lástima verle los ojos apagados. Parece que quisiera decirme algo. Maúlla poco y como yo no puedo hablar, hacemos una pareja silenciosa de amigos que se tocan para poder conversar.

Dicen que los gatos oyen y ven cosas del más allá. Quiero preguntarle si puede verlos a ellos, a mamá y papá. Se lo pregunto soplando las sílabas en sus orejas. Parece entenderme.

En la oscuridad sus ojos han recuperado el brillo. Da vueltas y vueltas alrededor mío y de pronto se abalanza a mi cuello como queriendo trepar a algún lugar. La dejo que siga su instinto. Vuelve al piso, salta nuevamente a mi cuello y en este ejercicio se pasa un tiempo largo, hasta que el sueño me vence y caigo en la cama, con el peso de su cuerpo recorriéndome como si yo fuera una llanura y ella un caballo desbocado.

En los sueños hablo otra vez. Mamá se aparece con su vestido violeta y me arregla la camisa.

–Cuide la ropa. A su papá le cuesta muchos días de martilleo y a mí muchos dolores de espalda.

–Pero mamá, si esta ropa me la ha ajustado Alicia. Era una camisa de Humberto.

–No me contradiga. Si se porta bien vamos a tener días felices para toda la vida.

–Yo no quiero contradecirla, pero es que ya no tengo ganas de ir a la escuela y usted tiene las manos muy frías…

En los sueños veo a mamá por poco tiempo, como a la virgen en el cielo. No quiero que se vaya, aprieto los ojos para que aparezca nuevamente, siento sus manos en mi cuello, abro los ojos y es Lucero que no me deja dormir en paz.

La retiro con fuerza para que se vaya pero vuelve a arañarme. Entonces la saco del cuarto y siento sus rasguños en la puerta. No me importa. Voy a dejarla pasar frío. Al fin y al cabo es un gato y de noche los gatos viven su día.

No soporto la imagen de la Luz del Limonar dándome vueltas en la cabeza. El hijo ya es un viejo y ella lo sigue cargando a sus espaldas. A él no se le ve la cara porque le cuelga sobre el hombro de la mujer. Quiero saber por qué el niño lloraba tanto.

EL SILBÓN

Gaspar vivía cerca del río Bocas. Era un hombre de gran estatura, facciones fuertes, piel trigueña, cabellos y ojos muy negros, treinta y cinco años quemados por el sol y los amaneceres. El río es de aguas claras y caudal abundante. Por la velocidad que llevan sus aguas se diría que no quiere ir sino correr hacia el mar. Los nicuros, peces pequeños y barbudos, abundan en el Bocas. Sus orillas, de playas generosas, han dado a generaciones enteras de areneros la posibilidad de vivir de la recolección y venta del importante material.

En algunos tramos, el río se encuentra protegido por ramas espesas de árboles que se inclinan hacia él como queriendo salvaguardarlo de las exploraciones de los hombres y del arañar de las palas en su vientre. En esos sitios oscuros los peces encuentran un lugar para poner sus huevos y vivir en paz su fugaz y huidiza vida. En uno de estos rincones del río solía perderse Gaspar.

Nunca quiso llamarse a sí mismo, ni que nadie lo llamara, pescador. Aunque probablemente eso era lo que hacía en el río. Decían que pescaba peces oscuros, como sus pensamientos.

El hombre compartía una casita de bambú con su madre, una anciana que se dedicaba por entero a cuidar de él, como si se tratara de un niño. La vieja era el único contacto de Gaspar con las gentes del lugar. No hablaba ni miraba a nadie. Muchos decían que se trataba de un loco a quien solo su madre retenía en el mundo de los cuerdos. Otros murmuraban que la pareja ocultaba un pecado terrible o una vergüenza imposible de nombrar.

En lugar de su voz, lo que todos los habitantes de la zona conocían era el silbido de Gaspar cuando iba o venía del río. Una mezcla de canto de pájaro y quejido de moribundo. Cuando caía la noche, el silbido salía de la casa rumbo a los rincones del río. Al amanecer regresaba por el mismo camino.

Todos sabían que traía siempre algo en las manos cuando venía de vuelta. Pero de qué se trataba, nadie se atrevió a preguntarle. Decían que cargaba docenas de peces, atados de leña, frutas extrañas o bultos enormes de yerbas para curar todos los males del mundo; cántaros de agua con luz de luna, cofres con fortunas inmensas, bultos de arena de oro, entierros, amuletos.

Los que tenían su edad recordaban que el juego preferido de Gaspar era el de las escondidas. Desde niño tuvo una manía extraña por perderse y hacerse invisible a la búsqueda de los compañeros de juego. Cuando cumplió doce años no quiso jugar más y se perdió definitivamente ante los ojos aterrados de los chiquillos, quienes lo vieron ir hacia el centro del río y luego aparecer en su casa un minuto después.

Alguna vez una muchacha se enamoró del color de sus ojos y esperó por meses a que Gaspar la mirara, aunque fuera solo un momento. Pero lo único que logró fue aspirar el beso que iba dejando en el aire el silbido del hombre cuando caminaba hacia el río.

Mientras todos sus compañeros de juego se casaban, se convertían en hombres de negocios, en padres respetados o en borrachos famosos, Gaspar se dedicaba a contar los pasos que lo separaban del raudo compañero.

Al iniciarse la violencia en las zonas rurales del país, el caserío del Bocas fue uno de los sitios a donde llegó la ola de terror. La política de sangre y fuego de la dictadura conservadora llevó a los campesinos liberales a organizar movimientos de defensa y ataque, y en ese loco enfrentamiento la muerte se dio banquetes de incautos y criminales.

En medio de este absurdo torrente, el silbo de Gaspar dejó de oírse en el pueblo y en las riberas del río. Su madre acudió a los vecinos para que le dieran razón de quien parecía haber jugado a las escondidas de una manera definitiva. Pero el misterio empezó a rodear su nombre. Nadie lo había visto por última vez. Acaso todos tenían miedo de buscarlo o, más aun, de encontrarlo.

La anciana, deseando un final más feliz para su hijo, salió en su búsqueda. El río estaba más impetuoso que nunca y algunas personas trataron de disuadirla de recorrer sus orillas, tomando en cuenta que apenas podía caminar con la ayuda de un bastón. Ella, movida por su soledad y el amor a Gaspar, no hizo caso de las advertencias y se lanzó en una expedición de final insospechado.

Al caer la tarde, agotada y con el corazón destrozado, se sentó en una piedra a llorar la pérdida definitiva de su hijo. De pronto escuchó su silbo envuelto en el rumor del agua. Alzó los ojos y vio su cabeza nadando hacia ella. Un tronco detuvo la amada aparición y la dejó a sus pies. La vieja la tomó en sus manos para besar las conchas nacaradas de sus ojos y allí estuvo cantándole una canción de cuna hasta que el nuevo sol la hizo regresar, con lo que quedaba del hijo envuelto en hojas de plátano, rumbo al cementerio.

Desde el día en que lo pescó su madre, el silbo de Gaspar se escucha a lo largo del río entre las seis de la tarde y las cuatro de la mañana. Este sonido musical del viento sobrecoge a los moradores y anuncia a los pescadores y a los areneros que es hora de retirarse de la margen del Bocas. El Silbón se ha convertido en el canto del miedo. Nadie se atreve a merodear por los lados del río.

Todos quedaron callados, como queriendo guardar un minuto de silencio por el alma de Gaspar. Como siempre, uno se atrevió a preguntar por los demás:

–¿Y nunca se supo qué era lo que hacía Gaspar en el río?

Días después de que su madre lo encontrara, las gentes del lugar fueron a socorrer a la vieja, a brindarle compañía y alimento. Entonces la anciana ya no pudo más con su secreto. El padre de Gaspar era un pescador desaparecido en el lecho del Bocas. Para no contarle la verdad a su hijo, ella se vio obligada a inventarle una historia de ninfas y sirenas, en la cual el padre aparecía como raptado temporalmente por los habitantes de las aguas. Cuando su hijo dejó de ser niño, juró que dedicaría su vida a encontrar a su padre. Aunque ella quiso disuadirlo de esa extraña misión, él se obsesionó de tal modo con esta idea, que fue imposible hacerlo cambiar de parecer.

El silbo era su manera de decir: "no importa, algún día lo lograré". Tal vez los conservadores quisieron callarlo para que no delatara su próximo asalto del caserío, quizá los liberales decidieron que su silbo desentonaba con la situación del país, o de acuerdo con lo que creía la anciana, aquella noche decidió convertirse en un pez para ir a reunirse con su padre al fondo del río. ¡Quién sabe! Casi nunca se sabe.

El silencio fue mayor ahora porque ya no había nada que preguntar. Cuando todos se fueron y la casa se quedó vacía, me tapé los oídos y me dormí lleno de miedo. Sé que me habría muerto de haber escuchado al Silbón en medio de la noche.

LA CIUDAD

–Samuel, en estas tierras ya no se puede trabajar. Tal vez tengamos que irnos a la ciudad si queremos seguir vivos. ¿Usted se iría con nosotros?

Me deja frío la pregunta de Humberto. La ciudad es una palabra lejana que ni siquiera sé cómo se escribe, si con "s" o con "c". Recuerdo que un vecino, asiduo escucha de las veladas nocturnas, fue una noche a despedirse de papá porque se trasladaba a vivir a la ciudad.

–¿Y allá en qué va a trabajar, muchacho?

–En lo que sea.

–Lo que sea suena a no sé. Piénselo bien. No vaya a ser que pierda el horizonte. En la ciudad las cosas no son como las pintan.

Ese día le pedí a mamá que me pintara la ciudad. Ella me pintó muchas casas, unas encima de otras, carros y gente por la calle.

–¿Entonces en la ciudad no hay árboles, estrellas y animales?

–Sí hay, pero no se notan.

No me gustó mucho la idea. No entiendo con qué juegan allí los niños. Por eso no sé qué responder. Todos quieren irse a la ciudad para solucionar sus problemas. Con "s" o con "c"…

Si me voy será como separarme definitivamente de mamá y papá. Tal vez allí no pueda ver el cielo, ni hablarles a las estrellas. Lucero tendrá miedo de los carros, posiblemente se pierda entre tantas calles. Con "s" o con "c"…

Humberto adivina todo lo que estoy sintiendo. Pone su mano en mi cabeza y me dice que voy a tener tiempo de pensar, todavía falta saber si pueden vender las tierras, aunque de todos modos se van a ir. Total, la vida es una sola. La vida es una sola. Cuando dice esta frase se queda mirando para muy lejos.

Por el tono de su voz y por el brillo que tiene en los ojos, sé que la decisión no lo hace feliz. Toma el azadón y se va hacia el cultivo. Ahora me doy cuenta de que ya tiene arqueada la espalda.

Alicia me dijo que Lucero va a tener gaticos. Claro, por eso se ha puesto redondita. Solo me iré si la puedo llevar conmigo. Creo que es con "c".

Las brujas

La iglesia tenía el piso de piedra, sus columnas y muros eran blancos con ribetes dorados, el altar modesto estaba presidido por la imagen del Sagrado Corazón de Jesús, enmarcada con un estilo extravagante. Cuatro velones, un Cristo de mármol y dos búcaros con gladiolos reposaban sobre la mesa, vestida con un viejo mantel blanco.

A las cuatro y treinta de la mañana dos agudos campaneos hacían saltar del lecho a la mujer, quien casi dormida se levantaba para espantar los sueños de Luis. El muchacho se movía a uno y otro lado, batallando con un enemigo invisible. Agredía, se quejaba hasta que abría los ojos y allí estaba su madre, ordenándole ponerse de pie.

–Ya van a tocar los tres cuartos. Levántese, que el Padre se pone bravo.

Como un autómata, Luis se sentaba en la cama. Con los ojos cerrados se colocaba las medias, se dirigía al cuarto de baño, cepillaba sus dientes y cuando despertaba ya iba trotando camino de la iglesia.

–Ya llegué, Padre. No me vaya a regañar.

Encontraba al padre Fermín en la sacristía, arrodillado en el reclinatorio, su mano derecha sostenía la Biblia, el marcador de cinta roja señalaba el evangelio del día. De prisa, Luis se colocaba el hábito de monaguillo, tomaba la campanilla y salía al altar, anunciando con varios toques el comienzo de la ceremonia.

Los feligreses de todos los días, ancianos en su totalidad, se acomodaban en las bancas de siempre. El clérigo aparecía cojeando, mientras musitaba oraciones o plegarias que nadie lograba descifrar. Luis se arrodillaba detrás del padre y esperaba el momento del sermón para cerrar los ojos e hilar nuevamente los sueños, bruscamente interrumpidos por la voz de su madre. En varias ocasiones el padre Fermín se había visto forzado a sacudirlo para que tocara el inicio de la elevación.

En la misa de seis aumentaba la audiencia y el sol penetraba por las claraboyas, lo que hacía más difícil a Luis clavar la cabeza sobre el pecho.

De no ser por las súplicas de la madre, el sacerdote habría despedido al muchacho desde el segundo día de su contrato como acólito. Siempre llegaba tarde para ayudarlo a vestir, olvidaba peinarse, no ponía las cosas en su lugar, y para colmo de males, se quedaba dormido a la mitad de la misa… Los diez pesos que ganaba por cada día de trabajo ayudaban a su madre con los gastos de la casa.

A las siete, después de cerrar las puertas de la iglesia, Luis subía al comedor y junto al padre tomaba el desayuno. Era la única ocasión que tenía para conversar con el sacerdote, pedirle favores o transmitirle algún encargo de su mamá. Igualmente era el momento en que el padre Fermín le dejaba saber la programación del día.

–Hoy, a las tres de la tarde, tenemos que celebrar la misa de cuerpo presente de doña Hermencia y a las cinco tenemos que ir a la cárcel.

La cárcel le producía una sensación entre desagradable y atractiva. El penal de mujeres estaba situado a la salida del pueblo, ocupaba una manzana grande, tenía un patio central amplio, corredores oscuros y las celdas se encontraban situadas en el segundo piso de la edificación.

Cincuenta y tres mujeres pagaban su condena, la mayoría de ellas venidas de regiones distantes. Entre el lavado de ropas, tejidos a croché y costuras por encargo, transcurría su vida de penas y privaciones.

Todos los martes a las cinco de la tarde el padre Fermín celebraba una misa en el patio de la cárcel, después de atender confesiones y repartir perdones y penitencias a diestra y siniestra. El monaguillo lo acompañaba con los ojos muy abiertos, contemplando el desfile de mujeres que, con los ojos inclinados y las manos cerradas sobre el pecho, recibían la santa comunión.

Mientras Luis sostenía la patena bajo el mentón de las presas, las examinaba una a una, cuando sacaban su lengua rosada para recibir el cuerpo de Cristo. Con quince años y dos meses, se sentía un privilegiado al contemplar aquel íntimo espectáculo de sensualidad y devoción. La ceremonia religiosa era un momento de fuga espiritual para las mujeres.

Allí conoció a Lucía, de veintitrés años y ojos pícaros e intensamente negros. Una tarde en que Luis esperaba a que el padre terminara las confesiones, se apareció la mujer con un delantal húmedo que dejaba ver la ligera redondez de su vientre.

–¿Cómo te llamas, precioso?

No supo si contestarle o no, si decirle su nombre o inventarse cualquier otro. Sintió un calor que le subía a las mejillas. Era la primera vez que una mujer se dirigía a él de esa manera. Imaginó que quien le hablaba era una asesina de niños y recobró el valor para responderle, aunque sin mirarla a los ojos.

–El padre no me permite hablar con presidiarias.

–Yo soy Lucía y no soy una presidiaria. O mejor dicho, sí, pero no soy lo que tú te imaginas.

–Está presa y eso es suficiente.

–No es suficiente, porque estoy loca por ti.

No soportó más. Se fue del lugar donde se encontraba, caminó hacia la capilla y se sintió más tonto que nunca.

Después de lo sucedido, la visita a la cárcel le producía dolor en el estómago. Se debatía en la lucha por esquivar a la mujer y, al mismo tiempo, la buscaba desesperadamente en la fila de las que comulgaban todas las semanas. Ella nunca aparecía entre las devotas.

En uno de los desayunos se atrevió a preguntarle al padre:

–¿Todas las presas son culpables?

–Eso hay que dejárselo a la justicia de los hombres. Ante los ojos de Dios pueden ser inocentes. Dios todo lo perdona.

Las palabras del padre le sonaron como una bendición.

A partir de aquel momento, Luis se dedicó a buscar a Lucía entre las concurrentes. La veía haciendo su trabajo, sacudiendo rítmicamente su cuerpo sobre el lavadero, empinándose para tender las sábanas o moviendo sus manos como una bailarina mientras tejía un mantel para una mesa desconocida.

Una tarde, ella asistió a la misa con un vestido azul que marcaba su hermosa figura. Luis no le quitó los ojos de encima durante la ceremonia, hasta lograr que entornara los ojos. Entonces se sintió vencedor. Antes de partir, se acercó al lugar donde se encontraba y le dijo en voz baja:

–Me llamo Luis.

Ella le respondió con una sonrisa.

Desde aquel momento ya no hubo reposo en su cabeza ni en su pecho. La ansiedad por ir a la cárcel le quitaba el sueño. Comenzó a cuidar su peinado y a ensayar su sonrisa.

Lucía se transformó en una devota repentina. Mientras recibía la comunión depositaba en los bolsillos de Luis papeles perfumados que contenían palabras cariñosas, frases sensuales, cartas de amor, flores disecadas. Un día le dejó una fotografía donde aparecía su rostro como salido de la bruma.

El corazón del acólito había sido poblado por los ojos de una mujer. Las clases se transformaron en ruidos ininteligibles, dejó de oír los rezos del padre Fermín y de necesitar la ayuda de su madre para despertarse en las madrugadas. Antes de llegar a la iglesia, corría hasta los linderos de la cárcel y daba tres silbos para anunciar su presencia. Lucía, desde algún lugar le respondía con un canto, su voz se elevaba sobre los muros como un pájaro en libertad y llegaba hasta él, dulce, suave, enamorada.

El sacerdote, que era capaz de leer más allá del silencio, le preguntó una mañana:

—¿Qué le pasa, muchacho?, tiene los ojos un poco más claros.

Podía mentirle a todo el mundo, menos al padre.

–No sé, Padre, es que…

–No me diga que está enamorado.

–Sí, Padre.

–¿Puedo saber de quién se trata?

–No, mejor dicho, sí, pero… ¿me deja que se lo diga como en una confesión?

–Está en confesión, hijo.

–De Lucía. Una pre… una muchacha de la cárcel.

De no ser porque el padre estaba bajo palabra de confesión, hubiera reaccionado bruscamente, echando inmediatamente al monaguillo de su cargo. No tuvo más remedio que responder:

–Debe tener mucho cuidado, hijo, no se vaya a enterar su mamá. Ese amor no tiene futuro.

–Pero tiene presente, Padre. Eso es lo que importa.

La frase del muchacho lo dejó mudo. Hizo la señal de la cruz y le mandó rezar tres avemarías y tres padrenuestros, no sin antes repetirle que tuviera cuidado con las tentaciones de la carne.

Luis cumplió la penitencia con devoción y salió de la iglesia liviano, como si fuera un globo de colores.

Esa tarde se mandó hacer una foto y la guardó dentro de una carta para Lucía. El martes siguiente llegó a la cárcel y, aprovechando que la fila de la confesión era más larga que de costumbre, fue directamente hacia los lavaderos para buscar a la mujer. Allí la encontró, húmeda y sonriente, le entregó la carta y sintió que ella lo halaba de la sotana. Miró para todos lados, cerró los ojos y se atrevió a darle un beso en la mejilla. Ella volteó la cara y entonces sintió sus labios chocando contra los suyos, calientes y temblorosos.

Aquella noche no pudo dormir. Besaba una y otra vez los labios de Lucía, de mil maneras, más fuerte, más despacio, más húmedo, más largo. Imaginaba encuentros, citas clandestinas, formas de liberarla, lugares para el amor. Comprendió que no tenía salvación. Ya había caído en la tentación de la carne.

Quince días después, una madrugada en que se preparaba para salir hacia la iglesia, su madre se le interpuso en el camino.

–Se acabó. Usted ya no es monaguillo. No va a ir a ninguna parte.

–¿Qué dice? El Padre me está esperando.

–El padre Fermín me lo contó todo. Entre los dos vamos a salvarlo. Esa mujer es una bruja. Todas las noches siento cuando llegan los chulos, revolotean en el patio y se meten en su cuarto para abusar de usted. Mírese el cuerpo ¡Está lleno de moretones por todas partes!

Luis observaba sus brazos, su pecho, no entendía lo que decía su madre.

–Yo leí todas las cartas. Usted le dio una foto y ella le hizo un trabajo de brujería.

Lloraba con desesperación.

–Pero, mamá…

–¡Nada! ¡No volverá a verla! ¡Nunca más!

Luis logró zafarse del brazo de su madre y salió a la calle, corriendo hacia la iglesia. La encontró abierta. Cuando entró en la sacristía, otro monaguillo ayudaba a vestir al padre.

El sacerdote lo miró con tristeza.

–Su mamá le encontró las cartas. Vino a preguntarme. No pude negarle nada. Le prometí que le voy a ayudar a buscar un nuevo trabajo.

–Pero, Padre, usted sabe que ella no es una bruja –estaba a punto de llorar.

–Yo no sé nada, hijo. Su mamá ha visto cosas raras.

Luis se quedó como petrificado en la sacristía. Cuando el padre Fermín inició la misa, las lágrimas le salieron espesas, abundantes.

El martes siguiente estuvo parado detrás del muro que daba a los lavaderos de la cárcel. Silbó tres veces y nadie le respondió. Esperó la llegada del sacerdote y con un gesto de súplica, le entregó un papel.

–Yo no puedo hacer eso, muchacho.

–Es la despedida, Padre, hágalo por mí.

–Está bien, que Dios me perdone.

Aquella tarde la sesión de confesiones fue muy corta. Las mujeres tuvieron miedo de acercarse al confesionario después de ver las lágrimas de Lucía cuando abandonaba la capilla. El sacerdote parecía venir hoy más implacable que nunca.

Después de ese día Luis rondaba por la cárcel todas las noches, se paraba detrás del muro de siempre, silbaba tres veces y esperaba. El canto de Lucía le respondía, aunque su voz parecía un cántaro quebrado. Semana tras semana el hilo de su voz se fue haciendo cada vez más débil hasta que una noche dejó de escucharse.

La madre de Luis entraba en su cuarto para rezar el rosario, colocaba debajo del colchón unas tijeras abiertas en forma de cruz y en las mañanas revisaba el cuerpo del muchacho.

–Anoche volví a escuchar su vuelo. Esas brujas son tercas. Mire los moretones que tiene.

Era tal la convicción de su mamá, que Luis empezó a desear que fuera cierto lo de las brujas que se convertían en gallinazos, revoloteaban en el patio, se metían en su cuarto y le recorrían el cuerpo con sus picos siniestros.

–Sí, mamá. Anoche vinieron, eran muchas. Las brujas no me dejan en paz.

A pesar del silencio que brota de la cárcel hace varios meses, Luis continúa su ronda nocturna, se detiene en el muro indicado y da su señal acostumbrada. Espera. Entonces ve que un ave negra, enorme, sale volando del penal, se alza sobre él, llega a su cuarto y atraviesa su corazón.

La noche en que escuché este relato estuve sin dormir hasta la madrugada. Pensaba que si Lucía era realmente una bruja y se transformaba en un chulo para ir hasta la habitación de Luis, ¿por qué no hacía lo mismo para escaparse definitivamente de la cárcel? Entonces los dos hubieran podido ser felices. El amor tiene sus misterios.

ALICIA

Humberto es el segundo marido de Alicia. Antes, la mujer estuvo casada con un hombre que la quería de una manera extraña. Se llamaba Silvio y era teniente de la policía. Todas las noches llegaba a la casa buscando alguna razón para reñir con ella. El sabor amargo de alguna fruta, unas partículas de polvo sobre las mesas, la escoba puesta en un lugar inusual, una sombra en el rostro de ella, una palabra desacostumbrada. Pero lo peor del hombre eran sus continuos ataques de celos.

Se dedicaba a pedirle cuentas de lo que había hecho durante el día, con horas, minutos, segundos, pelos y señales. Si ella olvidaba algún detalle, la golpeaba salvajemente. Siempre estaba imaginando visitas, salidas furtivas, pactos para burlarse de él. Cualquier cosa encendía su furia. La tomaba por los cabellos y la arrastraba por toda la casa. Los golpes del hombre y los gritos de la mujer se escuchaban más allá de los límites de la casa.

Alicia pensó mil veces en abandonarlo, pero tenía miedo de que la buscara por el mundo para vengarse. Los vecinos estaban advertidos. Si un día veían a la mujer alejarse más de lo acostumbrado, inmediatamente debían avisarle a Silvio. Alicia estaba presa en su propia casa.

Por la época en que se recrudeció la violencia en aquella región, Silvio fue enviado a patrullar unas tierras por varias semanas. Antes de irse a cumplir su misión, compró provisiones para un mes, alistó fuertes candados para las puertas y ordenó a Alicia que por nada del mundo saliera de la casa.

Obediente y temerosa, la mujer se resignó, una vez más, a ser recluída en nombre del amor. Pasada una semana, varios hombres llegaron preguntando por el marido. Alicia, a través de la ventana, respondió temblando las preguntas que le hicieron sobre él: hacia dónde se fue, cuántos hombres lo acompañan, cuándo regresa.

Silvio llegó a la madrugada siguiente, mucho antes de la fecha señalada. Inicialmente la mujer pensó que su regreso se debía a otro de sus acostumbrados ataques de celos, pero luego se dio cuenta de que venía desencajado, desarmado y muerto de miedo.

–¡Alicia! ¡Alicia! Me están buscando para matarme.

Su expresión, habitualmente hosca, se había transformado en un gesto de súplica y desamparo. Se tendió a sus pies. La mujer no alcanzaba a entender. Lo cobijó entre sus brazos como si se tratara de un niño desvalido.

–Tranquilo, tranquilo, nadie le va a hacer nada.

El hombre no dejaba de gemir como un ternero próximo a la muerte.

–¡Vienen para acá! ¡Vámonos de aquí!

Alicia recordó a los hombres de la tarde anterior.

–No, ya vinieron. Les dije que usted no estaba, que no volvería más, que me había abandonado…

–Volverán. Todo el mundo sabe que yo nunca la abandonaría.

–¡Pero si usted es un teniente de la policía! ¿Por qué tiene miedo?

Le dijo con una voz fuerte, como una madre que reprende al hijo, pero al mismo tiempo trata de darle valor.

–Es que los mataron a todos, nos desarmaron, no queda nadie que me apoye.

El frío se trepó por los pies de la mujer. Lo único que se le ocurrió fue buscar un lugar donde esconder a Silvio. En la despensa encontró el sitio perfecto. Lo hizo doblarse en el piso, le puso todas las provisiones encima, borró toda posible huella y esperó el momento.

Hacia la madrugada llegaron muchos hombres, tumbaron la puerta de la casa, estaban armados de machetes y cuchillos. Alicia cerró los ojos.

–Les dije que no está, que no ha venido. Me abandonó, no regresará nunca más.

–¡Mentira! Está aquí. Sabemos que vino para acá.

La tomaron por los cabellos y gritaron que si él no salía de su escondite, la matarían. Nadie respondió. Buscaron por todas partes pero no se detuvieron en la despensa. Repitieron que la iban a matar. Entonces Alicia se atrevió a gritar:

–¡Aunque me mataran, no aparecería. Me pegaba, me golpeaba mucho, yo le tenía miedo, lo odiaba! Yo misma lo maté hoy, cuando llegó desarmado. Lo enterré en el solar. Llévenme con ustedes. ¡Quiero irme lejos de aquí!

Los hombres se negaban a creer lo que escuchaban, pero conociendo los antecedentes del matrimonio y al ver que la mujer les suplicaba que la llevaran con ellos antes de que vinieran los refuerzos de la policía y descubrieran el crimen, terminaron por convencerse de su relato.

En dos minutos Alicia preparó su maleta y se fue con los hombres. Uno de ellos la subió a la grupa de su caballo. Cuando amanecía, la cabalgata se detuvo en una casa para tomar alimento. La mujer no quiso entrar. Tan pronto se vio sola echó a correr y no paró hasta la tarde siguiente cuando llegó a otro pueblo más grande. Allí buscó trabajo como sirvienta.

Alicia le salvó la vida a Silvio al tiempo que pudo librarse de él. Ella es muy dulce pero de vez en cuando algo amargo se le atraviesa en la garganta. Todavía en sus ojos tiene la huella de aquellos días.

LA PARTIDA

Hoy me despido de las estrellas. Nos vamos de aquí antes de que amanezca. Muchos vecinos, que también tienen miedo de quedarse, nos acompañarán en la partida. Humberto y Alicia preparan las maletas y todas las cosas que van a llevar para el cansancio y el hambre del camino. Yo no tengo nada que llevar, solo a Lucero que todavía no sabe del viaje.

En el silencio de los grillos llegan a mí algunos gemidos entrecortados, provenientes de los alrededores. Son de todas las personas que pronto abandonarán las únicas tierras que conocen como la palma de su mano.

–Déjeme ver su mano. Quiero saber cuánto vivirá –me dijo una muchacha que vive en la finca vecina.

Y me tendió la palma de la mano sobre su falda, mientras examinaba las arrugas que cruzan el cuaderno de mi mano, como ríos en el mapa.

–¡Uy, va a tener larga vida! Van a tener que matarlo a palos cuando esté viejo y achacado.

No me gustó lo que dijo. Le quité la mano con rabia. Tal vez ella no entiende que quisiera morirme pronto porque tengo una cita en el cielo.

Esta noche hay pocas estrellas. Busco a las más grandes, que se dejan hablar y escuchan lo que les digo. Les pregunto si volveré a verlas en la ciudad, si será muy difícil pescarlas en el pavimento. Me contestan que no, que van a seguirme, que estarán siempre arriba cuando yo alce la vista, que serán como coronas en mi cabeza. Ojalá pudiera ser mago y llevarlas en mi sombrero.

Dice Alicia que en la ciudad tendré que ir a la escuela. Eso me gusta pero a la vez me da miedo. Todos los días mis brazos tocan un punto más alto en la pared y sin embargo mi voz no acaba de salir. Me pregunto si me volverán a nacer algún día las palabras, como las ramas de un árbol que retoña. En la escuela no me entenderán las señas ni las cosas que quiero con solo mirarme los ojos. Intento gritar pero me sale un ronquido sordo de la garganta.

El maullido de Lucero viene a buscarme en la oscuridad. Para ella soy la persona más importante del mundo. Le sobo su barriga redonda. Pobrecita gatica, si supiera que ni siquiera tengo voz para decir mi nombre.

Un hombre de verdad

–¿Recuerdas, Nicolás, las noches en que nos mecíamos en la hamaca yendo y viniendo bajo la luna y nuestras manos eran dos palomas que se buscaban en el aire y luego peces que se recorrían bajo la humedad de las mantas?

–¿Recuerdas nuestros juegos para adivinar el color de la noche, la manera como se nos apagaba la voz al primer contacto de nuestras respiraciones, ese modo de morirse, de dejarse ir?

Cuando decidimos no vivir más en la zozobra permanente del amor y lanzar nuestras redes al mar, el amanecer tuvo un nuevo canto. Hoy los hijos nos crecen como enredaderas en el cuerpo, un día se convertirán en pájaros. No tengas miedo. El vaivén que nos separa será el mismo que nos una. Habrá tiempo para todo, incluso para regocijarnos de los malos recuerdos.

Vamos, Nicolás, deja que mi cuerpo aspire el calor de tu fiebre, quiero entrar a ese lugar donde se forja tu delirio. Escucha, llueve afuera, el carro atraviesa los abismos, tritura las piedras, vuela sobre las montañas, vamos hacia algún lugar en que tus heridas dejarán de llorar. Yo cortaré mis manos si es preciso para que retoñen tus caricias.

Déjame regalarte el aire que caliento en mi boca para que alimente tus pulmones. El tiempo aún es joven, se viste de arco iris y perfuma los campos. Llegaremos a tiempo para que mi sangre corra por tus venas.

La cabalgata avanzaba lentamente porque la neblina y el barro de la carretera no permitían que el carro rodara con más prisa. La mujer seguía hablándole al oído a Nicolás, no se callaba ni un momento, como si con su voz pudiera mantenerlo sujeto al filo del abismo del cual se sostenía como un muñeco de goma.

Él continuaba sangrando lentamente, su respiración era cada vez menos perceptible y todos los que acompañábamos la escena hubiéramos querido desaparecer para no contemplar el momento del desenlace. Nadie se atrevía a decir nada. La rabia y la impotencia nos hacían morder la lengua.

Al fin, cuando habían pasado dos o tres horas, llegamos al puesto de salud. Golpeamos la puerta a seis manos. Una enfermera medio dormida nos abrió y murmuró algo que no quisimos escuchar. Bajamos al amigo como queriendo que flotara sobre nuestras cabezas. Sentimos que momentáneamente su cuerpo perdía la fiebre. Lo dejamos sobre una camilla en la que se adivinaba el despertar súbito de alguien. El cuarto era húmedo y frío, un afiche en la pared indicaba la manera correcta de agacharse.

Volvimos a salir al hielo de la noche. Lorenzo, quien conducía el carro, se ofreció a compartir un cigarrillo. Lo tomamos con ansiedad, como queriendo aspirar el más allá que flotaba en el ambiente. No dijimos nada. Nos preparamos para el momento en que el grito de la mujer rompiera la falsa paz de la noche.

Humberto me lo contó todo y a medida que finalizaba la historia noté que la voz le salía temblorosa.

–Perder un amigo es como perder un poco la memoria.

Le miré los ojos y vi su brillo. Humberto es un hombre de verdad. Por eso aún no ha perdido sus lágrimas.

ÉXODO

Llovía mucho cuando salimos de la casa. Íbamos envueltos en ruanas y en presagios. Creo que eran las tres de la madrugada porque Humberto miró la luna y calculó que faltaban dos horas para tenerla a nuestra espalda. Poco a poco, otros vecinos fueron saliéndonos al camino. Doña Lupe, don Esteban y sus seis hijos crecidos; el mayordomo de Las Delicias con su mujer y dos canastos en los que cargaban a sus gemelos dormidos; el viejo Elías con su reumatismo y su hija mongólica; dos familias más que no reconocí pero que salieron a nuestro encuentro con cara de esperanza; y así, la cabalgata aumentaba a medida que nacía el día.

Humberto y don Esteban comandaban la marcha. Iban en actitud vigilante y listos a responder a cualquier ataque inesperado. Vi algo que brillaba en la cintura de Humberto. El mayordomo se ofreció a organizar a los niños para que fuéramos todos en la mitad de los mayores. Con una cuerda nos entrelazó de la cintura, de tal manera que parecíamos una gran cadena de niños.

Quise que me desamarraran y así se lo hice saber a Humberto. Llevaba a Lucero en una bolsa y se movía para todos lados. Esto me hacía muy incómodo sostener la cuerda y bregar con la gata para que se dejara cargar. Al mayordomo no le gustó que yo llevara conmigo un animal. Se lo dijo a Humberto pero él no le hizo caso.

Cuando llevábamos un buen camino recorrido, algunos chicos se pusieron a llorar del dolor en los pies, de sueño o de miedo. Las mujeres tuvieron que cargarlos por trayectos. Pensaba si Lucero lograría acomodarse a las circunstancias.

Hacia la mitad de la mañana paramos en una fonda para desayunar. Las mujeres tomaron el mando, pidieron permiso para calentar leche y preparar café. Allí estuvimos un buen rato. Los hombres se reunieron y hablaban sobre la ruta que tomaríamos. Yo los escuchaba haciéndome el distraído.

Para llegar a la ciudad se calculaban doce horas a pie. Era mejor parar en Aratoca, un pueblo que quedaba como a cinco horas, allí pediríamos albergue en la casa cural, pasaríamos la noche y temprano en la mañana reanudaríamos la marcha para llegar a la ciudad al anochecer.

Aproveché para soltar a Lucero y entonces fue cuando Alicia le vio la cuerda atada al cuello.

–¡Pero, mijo, por Dios, los gatos no se amarran!

Moví los hombros en señal de no me importa. Lo que yo quería era tenerla segura, ¿qué importaba la libertad? Ella tenía que resignarse a eso para estar conmigo, o mejor, yo tenía que hacerlo para que ella no se separara de mí.

Le puse leche en mi mano con el fin de que se alimentara.

–Esto te conviene porque vas a ser mamá.

Ella olisqueó pero no hizo el intento de tomarla. Siempre ha buscado comida por sí misma y ahora que yo se la ofrezco no la desea. No quiere que la trate como a una bebé.

El sol empezaba a calentar cuando reiniciamos la caminata. Otra vez los niños comenzaron a llorar y Lucero a revolcarse, queriendo salir de la bolsa. Humberto me dijo que la sacara de allí, que ella no se iba a escapar de mis manos. Le hice caso.

¡Ay, Dios mío! Si yo pudiera saber lo que quiere, si yo pudiera explicarle que la someto a esta tortura porque no puedo vivir sin ella, que tengo mucho miedo de que se me pierda por el camino y no llegue conmigo a la ciudad. Quiero decirle que vamos a tener una casa donde habrá techos y ratones, que yo podré ir a la escuela y ella al fin tomará una siesta, que en la ciudad no habrá más miedo.

Pero nada, se sigue revolcando, quiere escaparse de mis brazos, salta al suelo. Como la tengo atada del cuello y está más pesada, se cae de medio lado. La vuelvo a alzar y le sobo la barriga. Entonces me doy cuenta de que ha perdido también la voz. Me mira con sus ojos de vidrio húmedo. La consiento acercándola a mi cuello. No quiere irse, no quiere irse, yo sé que Lucero quiere regresar. Estoy a punto de llorar y el mayordomo se queda mirándome con rabia.

–Vamos, no se quede atrás de los otros muchachos. ¿Por qué no suelta ese gato de una vez por todas? ¡Los gatos siempre traen desgracias!

Ahora sí que no puedo aguantarme las ganas de llorar.

UN ALTO EN EL CAMINO

Cuando llegamos a Aratoca, el pueblo entero se reunió en el parque para mirarnos de cerca como si fuéramos animales extraños. Nos sentamos en los bancos y los otros niños fueron a meter las manos en la fuente que tiene una gran piña en el centro de donde brota agua amarillenta. Humberto y don Esteban fueron a hablar con el cura y las mujeres pidieron permiso en unas casas para preparar el almuerzo.

Aproveché para dejar descansar a Lucero de la cuerda. La puse sobre el pasto y estiraba las patas pero no se alejaba de mí; me ronroneaba, se sobaba la barriga contra mis piernas.

Al rato vi salir a los hombres y nos indicaron que podíamos ir hacia la casa cural. En la puerta apareció un padre gordo con cara de preocupación y nos hizo entrar en un gran salón que olía a limpio. Allí nos acomodamos con todas las cosas. Los grandes se fueron y nos dejaron a los niños encerrados. Volví a meter a la gata dentro de su bolsa para que no la descubrieran el padre ni las monjas que llegaron para ofrecernos pan y leche. Otra vez le di leche a Lucero en mi mano y otra vez me la rechazó. Tengo que hacer algo.

A don Elías las monjas lo llevaron adentro de la casa porque casi no puede caminar. Su hija mongólica se agarró a gritar y a dar zapatazos y las monjas tuvieron que venir a consolarla. Le explicaban que el viejo tenía que descansar pero ella no escuchaba nada. Daba gritos y se mordía las manos. Al fin se vieron obligadas a llevarla adentro. Los gritos continuaron. Algunos niños se acostaron en el piso y se quedaron dormidos. Si no fuera por Lucero, también me echaría a dormir.

–Oiga, niño, descanse como los otros. Más tarde vienen a darle su almuerzo.

Una monjita me pone la mano en el hombro y me habla bajito, para que los otros no se despierten. Con una mueca le digo que no. Entonces se da cuenta del paquete que sostengo sobre mis piernas.

–¿Qué animal es ese?

Tapo a Lucero con mi cuerpo.

–¿Un gato? ¡Pobre animal! Sáquelo de esa bolsa. Mire que se puede ahogar.

Hala la bolsa y deja libre a Lucero. Me quedo mirando los ojos de la monja para descubrir si es mala o buena.

–Tendrá hambre, vamos a darle un poquito de comida.

La monja alza a Lucero, me toma de la mano y me lleva con ella por un corredor hacia la cocina. Allí veo cómo la gata se atraganta de carne y el alma me vuelve al cuerpo. La monja se ríe y me soba la cabeza. Veo en sus ojos que es buena.

–¡Ay, pobrecito! Es mudo –le dice a otra monja que acaba de entrar–, pero parece que habla con los ojos. Se trajo su gata sabe Dios desde dónde. La pobre está a punto de parir y tenía mucha hambre.

En ese momento nos avisan que llegaron las mujeres con el almuerzo. Alzo a Lucero y nos vamos para el salón. Ahora soy feliz.

EL NIÑO Y EL VIENTO

Había una vez un niño que barría el viento. Barría a contracorriente, como si nada pudiera importarle el frío de acero que agitaba el ser invisible sobre su cara roja y sucia. Las hojas de los árboles hacían una ronda a su alrededor, la tierra le lastimaba los ojos y el niño en su oficio parecía bailar, pues el peso de la escoba y la furia del viento lo sacudían, imponiéndole giros inesperados y algunas veces rítmicos. A quién podía importarle el juego inútil de un chiquillo desafiando al viento.

–¡Qué estúpido! –le gritaban los adolescentes que se dirigían al colegio.

–¡Pobre tonto! No tendrá madre que lo obligue a hacer algo útil en la vida –comentaban las señoras que pasaban por la acera.

Tenía ocho años pero aparentaba seis. Raquítico, de tez amarilla, demasiado bajo para su edad. Solo una cosa en él daba la impresión de tener muchos años: su mirada, al mismo tiempo aguda y perdida.

El insólito oficio lograba divertirlo. Lo repetía casi todas las mañanas, a la misma hora, y después iba hacia el parque pateando una bola de hojas que ataba con hilos, y que luego lanzaba contra las ramas de los árboles, en busca del vuelo de pájaros perezosos.

Nadie supo qué hacía su madre, cómo se tragaba las lágrimas, ni cómo lo golpeaba en la noche, después de buscarlo en las calles vecinas. Su madre, como una pluma a punto de quebrarse, como una sombra de la noche que nadie esperaba. Salvo él, pequeño niño que no encontraba cómo complacerla, y la lloraba en silencio todas las madrugadas, al sentirla cerrar la puerta para correr a colgarse en un bus, que la llevaría hacia un lugar inalcanzable.

Aquella mañana el chiquillo de la historia fue directamente al parque, aunque con un miedo grande, como de adulto. Trepó despacio, escaló rama a rama el árbol más alto. Cuando estuvo junto a los nidos más oscuros, en el lugar donde más indefensa palpita la vida, se acomodó con las piernas en tijera y pudo sentir con patetismo la fuerza del viento. Entonces pudo hablarle con sus pensamientos:

–Qué tal, viento terrible, manos frías, qué tal si ahora me muestras un poquito de amor. Ahora que no puedo luchar contigo, que me pongo en tus brazos, arrúllame, cántame, llévame a un lugar donde pueda ser grande ya, donde mire sin miedo los ojos de mi madre.

Habló con unas palabras robadas de los cuentos, las repitió muchas veces, incontables veces, lo dijo como una oración, como un canto, y se quedó dormido en los brazos de las ramas.

Cuando despertó, se encontraba en un sitio grande, en medio de un viejo olor a remedios, donde unas señoras blancas, que eran como palomas, iban y venían con mucha prisa. Intentó mover las manos y se dio cuenta de que estaban presas entre cartones blancos. Sintió que eran grandes, muy grandes y gruesas, tanto que no podía moverlas. Y sus pies, qué extraño tenerlos tan pegados y lejanos. Tampoco pudo moverlos, era como si su cuerpo fuera ajeno de pronto.

Recordó entonces su oración al viento y sonrió. Seguramente estaba en este lugar para aprender a manejar un cuerpo de adulto. Pero no resultaba muy agradable ser grande, pues todo el cuerpo dolía y para moverse tenía que hacer mucho esfuerzo.

Un día comenzaron las clases en las que le enseñarían nuevamente a caminar. Todas las mañanas una señora blanca, por un corredor de piso brillante y con olor a lavanda, lo hacía levantarse y lo ejercitaba en mover las piernas: lo tomaba por la cintura, le indicaba cómo adelantar la derecha y luego la izquierda, cómo dar la vuelta para regresar al cuarto y luego sentarse al borde de la cama.

Aprendió más rápido de lo esperado. Tal vez si mamá lo hubiera visto, habría sido feliz, pensaba el chico, mientras miraba por la ventana las decenas de visitantes que llenaban los pasillos. Personas que llegaban presurosas, cargadas de comida y ropa limpia. Un señor de edad avanzada se quedó mirándolo, se acercó y le dio una manzana. El niño la tomó sin decirle nada y la mordió casi mecánicamente. Él solo quería que llegara ella, la de los ojos húmedos, a llevárselo a casa.

En ese lugar conoció a muchos niños que cargaban a la madre dentro de una bolsa plástica y la enseñaban a todo el mundo: *Mira a mi mamá, es linda ¿verdad?* Y luego se iban por el corredor, batiendo rápidamente sus brazos sobre las ruedas de una silla en la que vivían sentados, como en un trono. Y también conoció a otros que nunca hablaban de la madre, preferían sonreír tímidamente y decir *dame un caramelo*, para no responder a las preguntas.

Como la pequeña Francy, siempre encaramada en su trono, con unas piernas tan cortas que parecían retoños y que no servían para nada. Salvo para decir: *estas son las piernas y se usan para caminar.* Pero esta niña tenía unos ojos grandes, y en vez de pestañas, llevaba en los párpados alas de mariposa. Cada semana su mamá tenía un nuevo nombre, que ella inventaba, y un nuevo rostro. Pero Francy era extrañamente feliz. Su existencia era como la esperanza que no muere, la posibilidad de que algún día algo pudiera justificar su existencia.

El chiquillo de la historia y la pequeña mariposa triste se hicieron grandes amigos. Se encantaban contándose cosas sobre hechos o personas inexistentes, jugaban a cazar estrellas en los charcos del patio, a competir por el mayor número de empaques de caramelos que recogieran en la visita de la tarde.

Pasaron varios meses y el niño fue solicitado por unas señoras grises. Ellas le contaron que iban a llevarlo a otra casa grande, en donde viviría por un tiempo. Él se dejó llevar, mansamente, sin preguntar nada. Algo le decía que eran inútiles las pataletas. Se despidió de la niña de ojos de mariposa, con el vuelo de sus manos, y algo como salobre se le atravesó en la garganta, cuando miró por última vez la puerta gigante del sitio donde había aprendido a caminar por segunda vez.

En la nueva casa todo era más oscuro. Desde su llegada hubo oficios, tareas y algunos juegos repetidos que, al poco tiempo, parecían tormentos. El horario para dormir, para comer, y los castigos que no faltaban. A él lo mandaban al patio, a recoger todas las hojas que el viento arrancaba a los árboles y que caían como una lluvia interminable. Allí pasaba muchas horas, pues prefería barrer las hojas, amontonarlas y luego volver a hacerlas volar, para iniciar nuevamente su tarea. En ese lugar recobró otra vez su antigua amistad con el viento.

–¿Qué quieres, viento? Mándame más hojas, ¡quiero más hojas! –gritaba. Y el viento parecía escucharlo, soplaba fuerte, hasta que el chico se llenaba de cansancio y se acostaba bajo el techo de los árboles.

–Este niño va a ser jardinero –comentaban las señoras grises, que lo miraban con ojos de compasión.

Pero un día en el que se dedicaba a su tarea de siempre, el niño trepó a un árbol y ya nunca volvió a bajar. Las señoras estuvieron toda la tarde, y parte de la noche, dando palazos a las ramas, lo llamaron con todos los nombres que se les ocurrían –porque él jamás les dijo su nombre–, y al otro día fueron a buscarlo por las casas vecinas. Para ese tiempo, el niño volaba sobre los tejados, de árbol en árbol visitaba nidos y seguía su pacto con el viento.

Y cuentan que pasados los años, en las noches de luna, se ve la sombra del niño entre las ramas; dicen que en su vuelo se reunió con la mariposa triste que no había podido olvidar, que entre los dos hicieron grandiosos castillos en el aire para tener un lugar donde acunar la felicidad y juntos decidieron adoptar al viento como padre y madre.

La monja me dijo que ella conoció al niño de la historia en uno de los hospicios en los que estuvo trabajando, y que se parecía a mí en la manera como miro hacia el cielo.

Yo quería preguntarle por qué el niño se hizo amigo del viento, cómo es eso de que aprendió a volar y muchas cosas más, pero eran demasiadas preguntas para que ella pudiera entenderme con señas. Además, el padre vino a decirle que ella estaba para atender a todos los niños y no para dedicarse a uno solo. Entonces tuve que tragarme las preguntas con el agua de panela que nos dieron antes de acostarnos a dormir.

¿Así que uno puede ser amigo del viento?

LA LLEGADA

El día que amanecimos en la casa cural, el padre se reunió con los grandes y les dijo que estaba consiguiendo ayuda para que un bus nos llevara a la ciudad. Debíamos quedarnos allí hasta tener la confirmación. De todos modos, decían Humberto y don Esteban a los demás, no tenemos nada que perder y sí mucho que ganar.

Me alegré bastante porque esa mañana podía seguir escuchando las historias de la monjita y, además, porque Lucero podía tomar leche y comer carne hasta hartarse. Llegó la noche y, cuando los grandes estaban a punto de perder la esperanza de que nos llevaran a nuestro destino, apareció un bus grande, pintado con rayas verdes y blancas.

Aquí vamos, sacudiéndonos con las curvas del camino. Casi todos están dormidos, menos Humberto que se ha dedicado a vigilar las montañas que van apareciendo a lado y lado del camino, como fantasmas en la noche.

Dicen que cuando amanezca ya estaremos en la ciudad. Por la ventanilla del bus sigo mirando para arriba y veo que las estrellas viajan conmigo. Menos mal. Yo sabía que no me iban a abandonar. No debo perderlas de vista. Tengo miedo de cerrar los ojos y que al abrirlos ya no estén.

–Duerma, muchacho, duerma, todo está bien, todo va a estar bien.

Humberto me rodea con su brazo y pone mi cabeza sobre su pecho. Su voz me da consuelo pero no quiero dormir, no quiero dormir…

–Hijo, ¿para dónde va?

–Para la ciudad, mamá, la misma que usted me pintó. Es más bonita de lo que parece. Mire todas esas luces, parecen estrellas pero son las luces de las casas que forman una escalera sobre las montañas. Allá voy a vivir con Humberto y Alicia, usted va con nosotros, ¿verdad?

Ella no me responde nada y se pone a bailar sobre el montón de maletas de la gente. Ahora recuerdo que es la primera vez que la veo bailar y entonces aplaudo con fuerza, ella se ríe y baila con más ganas, yo también quiero bailar, me paro pero un gran peso me impide levantar los pies, como si tuviera las piernas rellenas de arena.

Las curvas me hacen pegar un salto. El sol me hiere los ojos. Veo que tengo las manos vacías. ¿Dónde puede estar Lucero?

–Tranquilo, usted se durmió y yo me hice cargo de ella. Ya llegamos a la ciudad.

Alicia me habla desde su asiento. ¡Ah, menos mal! Hago un gesto y sonrío.

–Este niño defiende su gata como si se tratara de su propia madre. ¡Pobrecito!

Alguien lo dice en voz baja como queriendo que yo no lo escuche. No logro saber quién fue. Yo lo oigo y lo grabo todo, lo cuento todo sin hablar. Hay gente extraña en el bus. Algunos se mueven por todos los asientos. Hacen preguntas, hablan, explican. Tienen en sus manos libretas en las que van escribiendo todo lo que escuchan.

Veo que estamos en la ciudad porque aparecen calles, calles y calles. Las montañas y los árboles se han quedado atrás. Miro hacia el cielo y otra vez los rayos del sol me fulminan. Seguro que las estrellas le tienen miedo al sol. Mucho miedo. Tanto como el de los niños a los grandes.

La ciudad me sabe a yerbas destripadas, a purgante que me entra por la nariz y la boca, a sopa de harina caliente; me duele como un pellizco en el brazo, como un tirón de orejas con odio, como cincuenta maestras gritándome que repita la plana. No puedo resistir el ruido de los pitos que van saliéndonos al paso, quiero gritar que no, pero no puedo. Siento en el pecho un animalito que camina en dirección a mi estómago.

–¡El niño! ¡El niño se va a desmayar! ¡Está blanco como una pared! ¡Cuidado, va a vomitar!

Escucho lo que dicen como dentro de un túnel. Blanco como una pared... ¿De dónde sacarían que las paredes no pueden estar llenas de colores?

EL FINAL DE LOS CUENTOS

Los que vinieron con nosotros en el bus eran periodistas y gente dispuesta a colaborar consiguiéndonos un albergue. Eso lo supe después de que nos trajeron a esta escuela donde nos vamos a quedar por algunos días. Estamos en la época de las vacaciones y debemos irnos antes de que empiecen las clases.

En los ojos de los grandes se ve que todavía no saben qué hacer ni para dónde ir. Los veo moverse de un lado para el otro, atender a los hijos con una prisa en las manos, con una manera de gritar que habla de su preocupación. Me quedo mirándolos para adivinar qué piensan. Cuando dicen que todo va a estar bien, yo no les creo. Se nota que lo dicen por decir, solo para que los niños no vayan a llorar.

Nos han distribuido en todos los salones de la escuela. Nos acostamos en colchonetas y antes de quedarme dormido me pongo a mirar el tablero que tengo enfrente, en donde alguien ha pintado una casa con unos árboles.

A veces en mis sueños entro en esa casa y puedo ver todos los muebles que tiene, corro por el patio, salto de felicidad. Voy a ponerme a jugar cuando me acuerdo de que no está Lucero conmigo, la busco por todos los rincones y siempre me despierto para poder encontrarla.

Lucero, yo quiero un sitio para que tengas tus hijos, donde al fin podamos ser felices como en el final de los cuentos en el que las princesas y los príncipes, después de vencer a las brujas malas y a los ogros devoradores de niños, pueden mirarse a los ojos y suspirar.

Aunque, pensándolo bien, los cuentos siempre terminan cuando comienza la felicidad y por eso no se sabe nunca lo que pasó después: *y fueron felices y comieron perdices…* ¿Por qué deben morir las perdices para hacer posible la felicidad?

Bueno, Lucero, tal vez lo que necesitamos es que las cosas sigan su cauce normal. Eso se lo he escuchado decir a Humberto. Me imagino que la vida no puede ser siempre como un río turbulento, ni tampoco como un riachuelo seco, sino que debe llegar un momento en que tenga el agua necesaria para seguir su cauce normal. Tal vez eso es lo que necesitamos, Lucero de mi corazón.

FELICIDAD Y TRISTEZA

Un día estaba la Felicidad sentada a la mesa, saboreando los mejores platos sobre los más finos manteles. Tenía el estómago repleto pero la comida estaba tan rica que seguía comiendo y comiendo sin control porque, según pensaba, no se debe despreciar un rico sabor ni un rico olor y siempre para ellos debe haber un lugar en el cuerpo.

Felicidad se regocijaba tanto que no pudo advertir la presencia de Tristeza que, bastón en mano, la miraba con sus ojos llorosos y hondos como las profundidades del mar. Ni una palabra salía de sus labios porque ni el más poderoso sonido puede expresar todo lo que su rostro reflejaba.

Entre eructo y eructo, Felicidad terminó su comilona y finalmente pudo levantar los ojos del plato. Se dio cuenta, entonces, que habían transcurrido varias horas desde el momento en que su compañera había comenzado a observarla.

–Hola, Tristeza –dijo finalmente Felicidad–; ¿qué te trae por estos lados?

En sus ojos no había la más mínima huella de pesar.

–Vine a observar la manera como te sacias el corazón –respondió Tristeza haciendo una mueca de resignación y exhalando un suspiro al final.

–Te equivocas. No me sacio el corazón. Solo una parte del estómago.

–¿Una parte del estómago?

–Sí. La otra parte no se llena de comida sino de satisfacción por la comida.

Y en cuanto al corazón, es un poco exigente, hay que buscarle otro tipo de alimento.

Se escarbaba los dientes de una manera grotesca y estridente. Tristeza no salía de su asombro.

–Así que otro tipo de alimento… Dime cuál es. Tal vez pueda conseguirlo para dárselo al mío, que no deja de llorar.

–Aunque te lo dijera no podrías conseguirlo. Es tu vacío fundamental, Tristeza.

–Vengo a proponerte un trato: cambiar por una hora nuestros nombres y nuestras esencias. Quiero ver qué se experimenta al llamarse Felicidad, saber cómo se siente en todo el cuerpo.

–Es inútil, Tristeza. Yo no quiero ser como tú. Debe ser muy triste…

–No seas egoísta. Tal vez tú puedas disfrutar el hecho de estar en mi cuerpo.

–¿Qué me das a cambio?

–Todo el llanto del mundo.

–Es demasiado poco. Yo qué haría con tantas lágrimas.

–Podrías ser dueña de todos los mares del mundo.

–Está bien. Voy a hacerlo a cambio de las mareas, de las lluvias, de las nevadas y de todo el cuerpo líquido que viaja en el mundo.

–El trato está hecho.

Y sin decir otra palabra, Felicidad y Tristeza se dieron la mano, empezaron a girar en círculos en la dirección de las manecillas del reloj, cada vez a mayor velocidad, hasta que se confundieron en una figura plana y alargada. Entonces lentamente volvieron a disminuir la prisa de sus giros hasta quedar convertidas de nuevo en dos figuras independientes.

Felicidad –que era realmente Tristeza– daba saltos, danzaba, gesticulaba, corría, iba a uno y a otro lado, no queriendo creer el placer que experimentaba.

Tristeza –en realidad Felicidad– bajó sus brazos y se clavó como un árbol en el piso. Su rostro se tornó apesadumbrado. El reciente resplandor de sus ojos se transformó en tinieblas.

La misma escena se prolongó por 59 minutos y 10 segundos hasta que Felicidad miró el reloj y se dio cuenta de que se avecinaba el final. Entonces preguntó a Tristeza:

–¿Para qué querías ser dueña de las mareas, las lluvias, las nevadas y todo el cuerpo líquido del mundo si no has dado un paso para ejercer tu dominio?

–No me importan las mareas, las lluvias ni las nevadas. Solo quiero morirme.

Entonces Felicidad puso la solución:

–Si eso es lo que quieres, yo misma te ayudaré a cumplir tu deseo. ¿Prefieres una muerte dulce?

–La muerte es todo lo que quiero. No importa su color o su sabor.

–Entonces cierra los ojos.

Felicidad se dispuso a satisfacer el deseo de Tristeza, que en realidad era su propio deseo. Sacó una cuerda del bolsillo y la ató al cuello de su enemiga. Apretó y apretó y cuando estaba a punto de imprimir a sus manos la fuerza definitiva, su reloj indicó que la hora del cambio había finalizado.

Entonces pudo verse a Felicidad –la verdadera– forcejeando con Tristeza, tratando de defenderse de un asesinato inminente. Pero al tiempo que esta atacaba y Felicidad se defendía, igualmente podía observarse a la última tratando de matar a aquella y en ese combate estuvieron trabadas por largas horas.

Finalmente nadie pudo matar a nadie porque la fuerza de cada una era directamente proporcional a la fuerza de la otra, y cuando una amenazaba con morirse su compañera también parecía desfallecer.

Cansadas de su estéril lucha, resolvieron separarse para siempre, no volver a encontrarse nunca más, no hacer ningún tipo de pactos y no intentar destruirse entre sí.

Yo contemplé toda la escena y puedo dar fe de lo que sigue: Felicidad y Tristeza creyeron intercambiar sus cuerpos pero en realidad no lo lograron. Su transformación se debió al infinito valor que concedieron a las palabras. Cada una creyó sentir lo que su nombre le dictaba. Finalmente, transcurrida la hora que duró el pacto, imaginaron nuevamente el cambio de nombre y de cuerpo y volvieron a representar su inmortal papel. Ciegas, trabadas en su infructuoso combate, nunca se dieron cuenta de que su esencia es la misma y que cada una contiene a la otra en una potencia infinita hasta el fin de la humanidad.

Mientras la monjita del albergue me contaba la historia, iba haciendo los gestos de Felicidad y de Tristeza. Cuando terminó me miró fijamente a los ojos y me repitió varias veces la última frase: *cada una contiene a la otra en una potencia infinita hasta el fin de la humanidad*, como para que yo me la aprendiera de memoria y no la olvidara nunca.

Creo que no la olvidaré, gracias al color de sus ojos –azul turquesa– bañándome con el mar de su mirada.

El nacimiento

Lucero, mi gata estrella, ha empezado a gemir como si anunciara una desgracia. Va y viene tocándolo todo con su cola gris, me persigue incansablemente. Le sobo su barriga y ella hace el intento de arañarme, como diciéndome no, no me toque.

Ni Humberto ni Alicia se encuentran aquí. Casi todos los grandes se han ido a las reuniones que organizan para buscar soluciones a la situación de las familias. No sé qué hacer con la desesperación de mi gata

Me impacienta su angustia y de pronto pienso que está asustada porque aún no sabe ser mamá y quiere que yo se lo enseñe. Pero no puedo ayudarle en nada. Qué hago mientras los demás niños juegan a la guerra y una señora gorda les dice que silencio, que no armen alboroto, que la gente no se mata así como así.

Lo único que se me ocurre es alzar a Lucero y llevarla para el potrero que queda detrás de la escuela. La pongo sobre el pasto húmedo y con olor a verde fresco. Me arrodillo junto a ella, la acuesto entre mis rodillas y espero. Lucero se tranquiliza. Parece decir: *ya estamos solos.* ¿Cómo se hace, cómo se hace para nacer?

Tal vez todo consiste en tener ganas de salir a la luz. Así se ganan fuerzas para empujar. Si no se quiere salir, no hay manera de que un día podamos ver el sol. Hay que empujar con fuerza, arañar todo el camino, mantener los ojos apretados para no ver los obstáculos y de ese modo no sentir la tentación de devolverse cuando la luz nos hiera la mirada.

Hay que empujar con fuerza aunque duela el dolor, aunque mamá tenga ganas de morirse antes de conocer nuestro rostro. Ella también ayuda con su fuerza, quiere lanzarnos cuanto antes al mundo. Nos dice: *adelante, ya no hay regreso.*

Mis rodillas se llenan de sangre. Esta sangre no me asusta. Veo la cabecita que sale como por una ventana y rápidamente se va transformando en un gato perfecto, chiquito, húmedo, gris como las nubes cuando está a punto de llover.

No sé si cogerlo o no, si besarlo o no. Tiene los ojos cerrados y da tumbos en el suelo. Nuevamente otra cabeza se asoma, es blanca como un copo de algodón, cuatro paticas con manchas negras, camina tembloroso, tropieza. Un trotecito de alegría me golpea en el pecho.

Ahí viene el tercero. Lucero maúlla más fuerte, no logra que salga, se resiste a ver la luz. Intento ayudarle pero se me resbala entre los dedos, lo siento caliente, palpitante como un corazón desnudo. Cuando sale por fin, veo que no puede levantarse. Es más chico que los otros y no tiene fuerzas para enfrentar el mundo.

Lo tomo entre mis manos y se queda quieto. Está calientito pero no le veo ganas de vivir. Recuerdo a la *Luz del Limonar.*

–¡Vamos, aguanta, anda! Vamos, Lucero, ayúdame, ayúdame a salvarlo, no puede morirse

¡yo no quiero, no quiero ver morir a nadie más! ¡Socorro! ¡Auxilio! ¡Se muere! ¡Se muere!

Grito, grito fuerte, llamo para que vengan a ayudarme.

Entonces llega la señora gorda muy agitada, me quita el gatico de las manos y me dice que no es para tanto el escándalo, niño, por Dios, que casi me mata del susto. Detrás vienen todos los niños, llegan corriendo, gritan, hacen un círculo alrededor de Lucero y sus crías. Todos quieren tocar los gaticos, saltan, arman una fiesta.

–De todos modos si se muere es natural. No todos los hijos se crían –dice la señora.

Aprieto los labios para que no me salgan las lágrimas, miro hacia el cielo y entonces veo que todas las estrellas han contemplado el nacimiento, les hablo con el pensamiento, les ruego que me ayuden a salvar a su hijo, que es el hijo de Lucero.

La mujer pone el gato junto a la barriga de la gata, ella lo envuelve con sus patas, lo calienta, lo lame. Veo que el gatico responde a las caricias. Un niño llega con una manta para que envuelva a los protagonistas. Los llevo para adentro de la escuela, me paso un buen rato con Lucero y sus hijos. Soy el niño más feliz de la Tierra.

De pronto escucho los gritos de Alicia que viene hacia mí:

¡Ha hablado! ¡Ha hablado!

–¡El mudo ha hablado! –gritan y corretean los niños detrás de Alicia. Veo que detrás viene Humberto.

En ese momento me doy cuenta de lo que me ha pasado.

–Alicia –escucho mi propia voz que me parece extraña–… ¡Alicia, Humberto, nacieron tres!

Ellos me abrazan.

Estoy hablando, ¡hablando! ¿Cómo es posible que no me hubiera dado cuenta antes?

Pascual

–¡Hola, niño! Ahora que ha recuperado la voz, cuénteme su historia. ¿Dónde están sus padres?

El periodista me mira a los ojos. Trae una libreta y escribe. Quiere saber de mí, pero no sé qué contarle. Yo no sé nada. Yo solo conozco las cosas que he oído y lo que he visto con mis ojos chiquitos.

Ahora que estoy estrenando la voz como si se tratara de un pantalón nuevo, no encuentro cómo acomodar las palabras en mi boca. La lengua se me ha desacostumbrado. Las palabras se me atoran, se atropellan unas a otras, algunas salen volando en desorden como las mariposas. Unas negras, otras amarillas, azules, combinadas.

Empiezo a hablar despacito, con el temor de que, al nombrarlos, se me desbaraten los recuerdos.

–Soy Samuel… el hijo del zapatero.

Amanecía porque Pascual, el gallo que canta once veces antes de salir el sol, ya había cantado ocho. Ese día cantó más fuerte la primera vez y por eso me desperté, como cosa rara. Papá me enseñó que un hombre no debe dejarse coger por el sol en la cama pero, al fin y al cabo, yo no soy un hombre sino un niño hombre que tiene derecho a que el sol lo deje dormir sin remordimientos.

Muchas veces esto me costó todos los regaños del mundo y el castigo de tener que saltar de la cama con el primer canto del gallo, porque papá se propuso hacer de mí un hombre antes de tiempo.

Odiaba a Pascual por su bulla y muchas veces traté de atarle una cuerda al pico por las noches, para que no pudiera cantar en las mañanas. Pero él se soltaba restregando su pico contra las piedras y hacía un escándalo de todos los demonios. Quería que se muriera pronto y le daba de comer piedras envueltas en pan, pero el maldito las devolvía después de haberlas picado.

Terminé por resignarme a ese despertador de plumas y cresta que parecía entender mis malas intenciones contra él, porque cuando me descubría no se cansaba de perseguirme por toda la casa y sus alrededores.

Esa mañana, cuando Pascual iba por su canto número ocho, sentí un ruido extraño en el patio. El perro ladró de manera desacostumbrada. Miré a la cama de al lado y estaba vacía. Escuché ruidos que provenían de la cocina. De pronto, unos gritos en la sala. La voz de papá se oía desajustada. Mamá lloraba. Después, otra vez el silencio.

Estuve esperando que Pascual continuara con el nueve pero extrañamente ya no cantó más. Intenté volver a dormirme porque esa mañana no había clases en la escuela y podía aprovechar el silencio del gallo para recuperar el sueño.

Me despertó otra vez el llanto de mamá. No había duda: habían vuelto a pelear. Sentí un frío por todo el cuerpo. El día que había pelea la comida sabía amarga y la casa parecía un cementerio. Mamá se dedicaba a lavar las cosas como si quisiera quitarles y ponerles la mugre al mismo tiempo.

Papá no llegaba a la hora que cerraba el taller, sino que se iba a las tiendas a beber con los amigos. A media noche aparecía en la puerta, pesado como un tronco, estrellándose contra las paredes, y se tiraba en el piso de la sala hasta la mañana del día siguiente.

Esto podía durar un día o varias semanas. Tenía que soportar la tristeza de verlos separados y odiándose a cada momento. Yo era como un trompo que cada uno tiraba a su acomodo.

Por fin, un día amanecían pegaditos en la cama y yo sentía que el corazón me daba un vuelco hasta volver a su lugar. Entonces había flores regadas por toda la casa, ellos hablaban bajito y la comida recuperaba otra vez su sabor.

Mamá ya no quería matar el tiempo limpiando las cosas; quería disfrutarlo y nos íbamos por la tarde a dar un paseo. Al atardecer, pasábamos por el taller de papá para regresar juntos.

El camino a la casa era largo, oscuro y necesariamente había que pasar por el cementerio. El miedo me hacía tomarlos de la mano y en medio de ellos me sentía un superhombre. Quedaban pocos vecinos. Muchas casas del pueblo habían sido abandonadas por el temor a las guerras entre liberales y conservadores.

–¿Qué es un liberal, papá?

No dijo nada. Cuando casi me había olvidado de la pregunta me contestó:

–Un hombre como yo.

–¿Y un conservador?

–Otro hombre que mata hombres como yo.

–Eso no es cierto –me dijo mamá–. Los liberales también matan a hombres como su abuelo.

Mi pregunta originó otra vez la pelea. No entendía nada. Varias veces mamá me había contado la historia de su padre asesinado cuando ella era muy joven, de los trabajos que pasó hasta que tuvo quince años y se enamoró del aprendiz de zapatero; la manera en que huyeron juntos y vinieron a vivir al pueblo… y todo, ¿para qué? Para que ahora ella le reprochara pertenecer al mismo partido de los hombres que mataron a su padre, y él se viera obligado a callar y a sentir como suya la culpa del crimen.

La casa estaba al final de la carretera, en medio de muchos árboles. Me gustaba jugar a que era dueño del bosque y rey de todos los animales.

El llanto de mamá continuaba, largo y profundo. Por eso decidí levantarme. Estaba sentada en la sala y tenía la cabeza escondida entre las manos. Me asusté mucho al verla en esa posición. Al parecer, esta vez la pelea había sido definitiva.

Me le acerqué. Al verme, me abrazó con mucha fuerza. El corazón me rebotó. No me decía nada, pero estaba seguro de que había pasado algo malo. Empecé a llorar con ella. Sentía en mi pecho sus suspiros profundos.

Al rato escuchamos pasos acercándose a la casa. Mamá me abrazó con más fuerza y empezó a gritar con desesperación. Yo no entendía nada, hasta que de pronto los vi. Eran muchos hombres armados de machetes y cuchillos. Entraron en la casa y me apartaron bruscamente de mamá. Empecé a dar gritos, al tiempo que ella me pedía que me alejara de allí. No quería irme, pero los hombres se encargaron de empujarme hacia afuera.

Busqué a papá por todos los rincones de la casa pero no lo vi. Algo me llevó a correr hacia los árboles y en el camino me pareció ver un brillo en el piso. Me devolví para ver de qué se trataba y reconocí las gafas de papá… Estaban rotas. Me pareció muy raro que las hubiera dejado tiradas, porque sin ellas no podía trabajar. Las recogí y mientras corría otra vez, me tropecé con Pascual, que ahora era un montón de plumas ensangrentadas. El pecho se me abrió.

Había planeado muchas veces la muerte de Pascual, pero encontrarlo reducido a una mancha roja en el suelo fue como sentir su picoteo por todo mi cuerpo. Cuánto deseo ahora tu canto, Pascual; qué se hizo el sonido que salía por tu pico como un rayo de luz hacia el sol. Porque era mentira que el sol despertara a Pascual. Era él quien despertaba al sol.

Cuando me metí entre los matorrales para ocultarme ya era un rey vencido. Desde allí podía ver la casa y escuchar las voces y risas de los hombres. Mamá había dejado de gritar. Cerré los ojos y se me ocurrió ponerme a rezar para que todo pasara. Repetí el padrenuestro diez veces. Después empecé con la santamaría y cuando iba por la número ocho, logré que se fueran. Algunos salían ajustándose los pantalones. Pero en el momento en que suspendí los rezos vi que se devolvían, como si hubieran olvidado algo.

De pronto surgió el brillo adentro de la casa. Al principio no entendí lo que pasaba, pero cuando el techo empezó a crujir y las primeras llamas asomaron por la puerta, quise correr hacia el interior. Los hombres llegaron muy cerca del lugar donde me ocultaba. El miedo me paralizó las piernas. Me sostuve en cuclillas, casi sin respirar. Por fin se marcharon. La casa ardía completamente. Me aferré al tronco de un árbol. Empujé mi cabeza con fuerza para perforar la madera, para enterrarme vivo dentro de él, y estuve intentándolo mucho tiempo, hasta que sentí herida la frente. La herida fue como una puerta que se abrió para dejarme llorar. Cerré los ojos y soñé que la realidad era un sueño.

Cuando el sol empezó a bajar, probé fuerzas con mis piernas. Parecían no responder a la orden de caminar. Alguien venía despacio hacia mí. Retuve la respiración hasta que sentí un maullido en mi oído. Salté de terror. Era Lucero, arrastrando su cola y con los ojos más vidriosos que nunca. La alcé y la revisé por todas partes para comprobar que no estuviera herida. Ni un rastro de sangre encontré entre su pelaje chamuscado. La abracé con las fuerzas que me quedaban y la esperanza se me atravesó en el corazón. Si ella había logrado salvarse, seguramente mamá también.

Me arrastré despacio en cuatro patas. Entonces vi la montaña de cenizas. El silencio era como un monstruo que se levantaba y me perseguía por todos lados.

Tomé a Lucero y la metí en una bolsa que encontré junto al gallinero. Así resultaba más fácil cargarla. Esa noche la pasamos solos en el camino. Pensé en el cementerio y ya no tuve miedo. Allí debían estar esperándome papá y mamá. El cielo estaba muy azul. Las estrellas se habían espantado.

Luz Helena Cordero Villamizar (1961)

Escritora y poetisa bumanguesa. Ganó una Mención de Honor en el Premio Mundial de Literatura José Martí (Costa Rica, 1997) y Primera Mención en el Concurso de Poesía Fernando Mejía Mejía (Manizales, 1992).